Bericht

über die

vierte Versammlung deutscher Historiker

zu Innsbruck

11. bis 14. September 1896.

Erstattet von der Leitung

des

Verbandes deutscher Historiker.

Leipzig.
Verlag von Duncker & Humblot.
1897.

Der folgende Bericht ist erstattet auf Grund von stenographischen Aufzeichnungen und zum Teil von schriftlichen Mitteilungen, die dem Unterzeichneten von den Herrn Berichterstattern freundlichst zur Verfügung gestellt wurden. Sämmtliche Redner haben in die Auszüge ihrer Ausführungen vor der Drucklegung Einsicht genommen.

Hans P. Meier.

Inhalts-Uebersicht.

	Seite
1. **Sitzung**	5
Begrüßungsrede des Vorsitzenden Prof. v. Zwiedineck-Südenhorst (Graz)	5
Prof. Redlich (Wien) „über das Institut für österreichische Geschichtsforschung in Wien"	8
Prof. Prutz (Königsberg): „Welche Wünsche haben die Historiker gegenüber den Archiv-Verwaltungen auszusprechen?"	16
2. **Sitzung**	26
Prof. Richter (Graz) „über die Anlage eines historischen Atlas der Alpenländer"	
3. **Sitzung**	31
Prof. v. Luschin-Ebengreuth (Graz) „über die Entstehung der Landstände"	32
Prof. v. Scala (Innsbruck) „über Individualismus und Sozialismus in der Geschichtschreibung"	38
4. **Sitzung**	46
Prof. Heigel (München): „Welche geschichtlichen Aufgaben verdienen von Akademien gemeinsam gefördert zu werden?"	46
Geheimrat v. Weech (Karlsruhe) über diesen Gegenstand	52
Archivar Hansen (Köln) „über die Ergebnisse der Konferenz von Vertretern landesgeschichtlicher Publikationsinstitute	55
Sitzung des Verbandes deutscher Historiker	56
Geschäftsordnung für die Versammlungen deutscher Historiker und den Ausschuß des Verbandes deutscher Historiker	57
Liste der Teilnehmer an der Versammlung	65
Liste der Mitglieder des Verbandes deutscher Historiker	69

Bericht

über die

vierte Versammlung deutscher Historiker

in Innsbruck.

Donnerstag, den 10. September, abends trafen sich die Teilnehmer zur ersten Begrüßung im Saale des Gasthauses zum „Grauen Bären". Prof. Dr. Ferdinand Kaltenbrunner bewillkommte als Obmann des Ortsausschusses die zahlreichen Gäste aus dem Deutschen Reiche und Oesterreich, wobei er auf die tausendjährige gemeinsame Arbeit der Deutschen in beiden Reichen hinwies. Man müsse diesmal mit den Verhältnissen einer kleinen Stadt rechnen, dürfe aber der herzlichsten Aufnahme versichert sein.

Nach erfolgtem Namensaufruf durch den Privatdozenten Dr. M. Mayr zum Zwecke einer allgemeinen Vorstellung begrüßte Prof. v. Zwiedineck-Südenhorst (Graz) die Versammlung im Namen des Verbandes deutscher Historiker. Treu harre die alte Garde aus und eine junge in erfreulicher Stärke sei dazu gekommen. Er teilt mehrere Zuschriften mit, in welchen einzelne Verbandsmitglieder ihre Abwesenheit entschuldigen, so: Prof. Lamprecht (Leipzig), Prof. Marcks (Leipzig), Prof. E. Meyer (Halle), Prof. Meyer v. Knonau (Zürich) und Archivrat Stälin (Stuttgart).

1. Sitzung.
Die Eröffnung der Versammlung,

welche im „Kleinen Stadtsaal" stattfand, erfolgte Freitag den 11. September, vorm. 9 Uhr.

Der Vorstand des Verbandes, Prof. v. Zwiedineck-Südenhorst (Graz), begrüßte als Vorsitzender die Anwesenden mit folgender Ansprache:

„Hochverehrte Versammlung!

Als erster gewählter Vorsitzender des Verbandes deutscher Historiker habe ich die Ehre, die **vierte Versammlung** deutscher Historiker zu eröffnen. Getreu den Absichten, die schon bei der Gründung vorherrschten und welche in den ersten Versammlungen von sämmtlichen Mitgliedern gerne festgehalten wurden, haben wir auch diese vierte Versammlung von vorneherein als eine nur den wissenschaftlichen Verhandlungen und dem geselligen Verkehr der Fachgenossen gewidmete Veranstaltung betrachtet und uns davon fern gehalten, in irgend bemerkenswerter Weise in die Oeffentlichkeit zu treten, namentlich haben wir den Grundsatz festgehalten, daß wir nicht städtische Behörden und Verwaltungskörperschaften belästigen wollen. Trotzdem haben wir auch in Innsbruck wieder die erfreuliche Bemerkung gemacht, daß die Bevölkerung dieser schönen Stadt unserem Zusammensein nicht fremd gegenübersteht, sondern an demselben freudig teilnimmt und uns Sympathie entgegenbringt."

Redner begrüßt in diesem Sinne aufs herzlichste den Bürgermeister von Innsbruck, Dr. Mörz, und Se. Magnifizenz den Rektor der Universität Dr. Zingerle, sowie alle Verbandsmitglieder und sonstigen Teilnehmer und gedenkt hierauf des Ursprungs und der bisherigen Entwicklung der deutschen Historikertage.

Schon in Leipzig sei die allgemeine Meinung dahingegangen, man möge dafür sorgen, daß die Versammlungen aus dem Bereich des Zufalls gezogen werden, daß eine Stetigkeit derselben eintrete und dahin gewirkt werde, daß die Versammlungen in gewissen Zeiträumen wiederkehren und die nötigen Vorbereitungen dazu getroffen werden. Ausschließlich zu diesem Zwecke sei der Verband deutscher Historiker begründet worden. Er sorgt dafür, daß die Versammlungen völlig frei von jeder anderwärtigen Unterstützung bleiben können, indem die Kosten derselben durch die Opferwilligkeit der Verbandsmitglieder aufgebracht werden, welche Jahr für Jahr, und nicht nur für einzelne Versammlungen, ihre Beiträge leisten.

Diese Einrichtung könne alle diejenigen beruhigen, welche Befürchtungen bei der Gründung des Verbandes äußerten und demselben Tendenzen unterschoben, die er nie gehabt hat und nie haben wird. Auf eine gewisse Besonderheit habe man seit der Gründung allerdings großes Gewicht gelegt. Sie bestehe darin, daß nicht nur eine statutarisch verbriefte, sondern eine aus wirklich aufrichtiger Gesinnung hervorgegangene Gleichstellung aller Verbandsmitglieder und Teilnehmer an den Versammlungen festgehalten werde, daß bei ernsten Verhandlungen wie bei fröhlichen Gelagen Niemand einen Vorzug genieße, der durch akademische Grade oder bureaukratische Stellung begründet ist. — Redner fährt fort:

„Bevor ich die Verhandlungen einleite, möchte ich mir noch

— nicht als Obmann, sondern als Oesterreicher — einige Worte an unsere lieben Verbandsmitglieder und Berufsgenossen aus dem Deutschen Reich und anderen Ländern zu richten erlauben. Es hat uns Oesterreicher alle herzlich gefreut, daß schon die vierte Versammlung in unsere Heimat berufen wurde. Es war nicht eine bestimmte Stadt, die gewählt wurde, sondern der einhellige Beschluß zu Frankfurt, lautete dahin, es möge die vierte Versammlung in Oesterreich eröffnet werden. Daß Innsbruck und namentlich die Innsbrucker Kollegen uns gastfreundlich begrüßten, war für uns Oesterreicher sehr erfreulich, da keine von den österreichischen Städten gleich günstige Bedingungen für die auswärtigen Besucher der Versammlung aufweist als das an einer Weltverkehrslinie so herrlich gelegene Innsbruck.

Wir betrachten die Anwesenheit unserer deutschen Berufsgenossen in Oesterreich als Beweis dafür, daß man auf unsere Teilnahme an den wissenschaftlichen Bestrebungen der deutschen Nation Wert legt. Dies ist für uns von großer Bedeutung; denn je weniger die politische Stellung der Deutschen in Oesterreich dieselben darauf hinweist, daß sie ihre schaffende Kraft in dieser Richtung bethätigen, da sie sich fast nur darauf beschränken müssen, das in langer Zeit Erworbene zu erhalten, umsomehr Anlaß haben sie, ihre Kraft aufzuwenden, um in künstlerischer und wissenschaftlicher Hinsicht nicht zurückzubleiben, sondern mit den Stammesgenossen im Reiche gleichen Schritt zu halten. In dieser Richtung dürfen wir auf die führende Rolle in unserem Staatswesen nicht verzichten; es ist vielmehr unsere nationale Pflicht und historische Aufgabe, allen anderen Völkern dieses Staates ein Beispiel unablässig fortschreitender Thätigkeit zu geben! Dazu befähigt uns das Bewußtsein der Zugehörigkeit zu einer großen Nation, von dem alle geistige Arbeit durchdrungen und gehoben werden muß. Diese nationale Richtung wird auch der Geschichtswissenschaft nicht zum Schaden gereichen. Wenn auch alles, was die Forschung betrifft, von jeder Tendenz fern zu halten ist, so glaube ich doch, daß die Geschichtschreibung auf nationaler Gesinnung aufgebaut werden soll. Nur jener, der die Entwicklung seiner Nation liebevoll verfolgt, wird auch anderen Völkern in ihrer Entwicklung gerecht werden. Wir österreichische Historiker bedürfen bei der Berücksichtigung der Eigentümlichkeiten aller anderen Nationen unseres Staates, die an ihren Rechten und ihrer Eigenart ohne Schwanken festhalten, ebenfalls einer bewußten nationalen Weltanschauung, die uns bei der Beurteilung historischer Verhältnisse einen unverrückbaren Maßstab gewährt.

In diesem Sinne lassen Sie mich ganz besonders danken, daß Sie durch die Berufung in eine österreichische Stadt, nach Innsbruck, unser Bestreben gebilligt und uns die Freude gemacht haben, unsere nationale Gemeinsamkeit vor aller Welt bethätigen zu können!" (Beifall.)

Der Vorsitzende teilt mit, daß der Ausschuß gemäß den in Frankfurt entworfenen Beschlüssen eine Geschäftsordnung vorbereitet hat, welche am letzten Verhandlungstage zur Beratung kommen soll. Provisorisch sollen die Bestimmungen derselben auch schon während der vorhergehenden Verhandlungen zur Anwendung kommen. Demgemäß hat der Verbandsausschuß zwei Herren beauftragt, mit dem Vorsitzenden die Verhandlungen zu leiten, nämlich die Herren Geh. Archivrat v. Weech (Karlsruhe) und Prof. Dr. Prutz (Königsberg).

Als Schriftführer werden vorgeschlagen: Staatsarchivar Dr. Schlitter (Wien) und Redakteur Dr. Helmolt (Leipzig).

Unter allgemeiner Zustimmung nehmen die Genannten ihre Plätze auf der Tribüne ein.

Darauf erstattet Prof. Redlich (Wien) sein Referat „über das Institut für österreichische Geschichtsforschung in Wien".

„Da Prof. Mühlbacher zu unser aller Bedauern leider verhindert ist, den angekündigten Vortrag zu halten, hat die Reihe mich getroffen, gerade den jüngsten der am Institut befindlichen Dozenten. Sie werden es eben hinnehmen müssen, daß der, welcher vor allem hiezu berufen gewesen wäre, nicht in der Lage ist, in Ihrer Mitte zu sprechen, und ich habe unter solchen Umständen im voraus um Ihre gütige Nachsicht zu bitten.

Das Institut für österreichische Geschichtsforschung ist eine Schöpfung der ersten Fünfzigerjahre*). So wenig Erfreuliches jene Zeit in Oesterreich wie anderwärts im allgemeinen geboten hat, so müssen wir doch anerkennen, daß eben damals bei uns eine umfassende Reform des gesammten höheren Unterrichtswesens durchgeführt worden ist, daß unsere Universitäten in jener Zeit erst zu dem geworden sind, was die deutschen Schwesteranstalten schon längst gewesen waren. Bis dahin hatten die Universitäten in den Augen der Regierung und ihren ganzen Einrichtungen nach fast ausschließlich als Anstalten zur praktischen Ausbildung von Beamten, Aerzten und Geistlichen gegolten, Ziele rein wissenschaftlicher Thätigkeit waren ihnen ferner gelegen. Die österreichischen Historiker, welche, in der vormärzlichen Zeit herangewachsen, sich einen Namen erworben haben, wie etwa Franz Kurz, Hormayr, Hammer-Purgstall, Palacky, Chmel, Albert Jäger, sie sind nicht an den Universitäten zu Historikern gebildet und durch dieselben gefördert worden.

Schon vor dem Jahre 1848 war in einsichtigen Kreisen die

---

*) Vgl. Sickel, Das Institut für österr. Geschichtsforschung, in den Mittheil. des Instituts 1, 1—18. Alb. Jäger, Graf Leo Thun und das Institut für österr. Geschichtsforschung, Oesterr.-Ungar. Revue N. F. 8, 1—22.

Ueberzeugung von der Notwendigkeit von Reformen vorhanden. Die Erschütterungen von 1848 und 1849 waren in ihren weiteren Consequenzen auch nur geeignet, diese Ueberzeugung zu festigen. Wie das Kaisertum Oesterreich aus den Stürmen der Revolution äußerlich siegreich hervorgegangen, so sollte auch die innere Kraft des Gesammtreiches geweckt und straff im Sinne der Einheit des ganzen Reiches gelenkt und zusammengefaßt werden. Da heraus ward jenes absolutistisch-zentralistische Regime geboren, in dessen Lichte uns hauptsächlich die Fünfzigerjahre erscheinen, da heraus entsproßten aber auch jene fruchtbareren Bemühungen, welche unser Unterrichtswesen umgestaltet haben, und da heraus erwuchs im besonderen jenes Bestreben, gerade die Geschichtswissenschaft zu heben und tüchtige Historiker heranzubilden, die sich dann der Erforschung der heimischen Geschichte widmen und durch Darstellungen der österreichischen Geschichte deren Kenntnis und damit einen vaterländischen Sinn in die weiten Kreise des Reiches tragen sollten. Daß diese Strömungen von nachhaltiger Bedeutung geworden sind, dafür dürfen wir heute an dieser Stätte wohl hinweisen auf den Namen Julius Ficker und andererseits auf jene Anstalt, welche wir eben etwas näher besprechen wollen, auf das Institut für österreichische Geschichtsforschung.

Der Mann, welcher an der Spitze der österreichischen Unterrichtsverwaltung jene Reformen mit Einsicht, Thatkraft und Wohlwollen durchgeführt hat, Graf Leo Thun, ist auch derjenige gewesen, der dem Gedanken einer Schule für österreichische Geschichtsforschung zur Verwirklichung verhalf. Schon im März 1851 schrieb er an Albert Jäger, damals Professor an der Innsbrucker Universität, den er für Wien ausersehen hatte: Ich bin von der Ueberzeugung durchdrungen, daß auf dem Gebiete geistiger Bewegung kaum etwas jetzt für Oesterreich wichtiger ist, als eine Schule für Bearbeitung der österreichischen Geschichte praktisch zu begründen durch Anleitung junger Leute, die Neigung und Befähigung besitzen, sich mit Geschichtsforschung zu befassen. Wenige Monate später war Jäger zum Professor für österreichische Geschichte in Wien ernannt mit der ausdrücklichen Bestimmung, an die Spitze jener geplanten Schule zu treten. Am 20. Oktober 1854 erfolgte dann durch kaiserliche Entschließung die Gründung des Instituts für österreichische Geschichtsforschung an der Universität Wien, im Oktober 1855 eröffnete Jäger als Direktor und einziger Lehrer den ersten Jahrgang, 1856 trat Theodor Sickel als zweite Lehrkraft in Thätigkeit, 1857 wurden die ursprünglichen Statuten einer theilweisen Neuregelung unterzogen.

Die Ziele des Instituts waren anfänglich folgendermaßen gekennzeichnet worden: Junge Männer sollen zur tieferen Erforschung der österreichischen Geschichte herangebildet werden durch Anleitung zum Verständnis und zur Benützung der Quellen, indem sie mit dem gelehrten Material und den historischen Hilfswissenschaften vertraut gemacht werden; sie werden so auch geeignet zum Dienste in Archiven und Bibliotheken. Diese Schule soll aber weiter begabte Zöglinge auch dem akademischen Lehrberuf und der Geschichtschreibung zuführen. Es waren hiezu weit umfassende Studien ins Auge gefaßt. Allein es erhoben sich äußere Schwierigkeiten in dem Mangel an Lehrkräften und anderen Umständen, innere Schwierigkeiten, indem man bald das fühlte, was jüngst Schmoller in treffenden Worten ausgesprochen hat: Die beste empirische Methode der Forschung macht noch keine großen Historiker. So wurde denn 1857 die Aufgabe des Instituts specieller dahin begrenzt, daß es seine Zöglinge vertraut zu machen habe mit der Methode der Geschichtsforschung im besonderen Hinblick auf österreichische Geschichte und österreichische Geschichtsquellen und vertraut zu machen mit den dazu nötigen historischen Hilfswissenschaften.

Jene erste Aufgabe entspricht den früher dargelegten Intentionen und Ideen; zu ihrer Durchführung bot sich von selbst das Vorbild der historischen Seminare, wie ein solches nach deutschem Muster bereits an der Universität Wien eingerichtet war. Wie aber gelangte man damals vor mehr als vierzig Jahren dazu, die historischen Hilfswissenschaften ausdrücklich als ein bestimmtes Lehrziel eines historischen Institutes aufzustellen? Denn wenn man auch die Notwendigkeit gewisser hilfswissenschaftlicher Kenntnisse anerkannte, so war man sonst doch weit davon entfernt, diesen Disziplinen eine besondere Vertretung an den Universitäten oder gar eine besondere Anstalt zu ihrer Aneignung zu widmen.

Die Anregung, daß dies in Oesterreich, in Wien geschah, führt auf das französische Vorbild der Ecole des chartes in Paris zurück. Freiherr v. Helfert, damals Unterstaatssekretär im Unterrichtsministerium, hatte 1853 in einer Broschüre über Nationalgeschichte und ihre Pflege in Oesterreich auf die Ecole des chartes, ihre Leistungen und Bedeutung für die Geschichtsforschung Frankreichs hingewiesen. Den Einfluß der Einrichtungen der Ecole des chartes treffen wir in dem dreijährigen Cursus des Instituts, in der Aufeinanderfolge von Palaeographie, Chronologie und Diplomatik, in dem Zweck der Vorbildung für Archive und Bibliotheken. Und nun fand sich in glücklichstem Zusammentreffen auch der Mann, der jene französische Schule praktisch kennen gelernt hatte und den vollen Beruf in sich trug, gerade diese dem Historiker so notwendigen Disziplinen zu neuem Leben zu erwecken und zu allgemeiner Geltung zu bringen, nämlich Theodor Sickel.

Durch Albert Jägers, des ersten Direktors, hingebende Liebe zur Sache, seinen anregenden Eifer und seine unentwegte Ausdauer wurde das Institut über die ersten schwierigen Jahre hinübergebracht und lebenskräftig gemacht. In diesen Eigenschaften Jägers lag auch seine Stärke, seine Wirkung auf zahlreiche Schüler. Sehr bald trat ihm aber auch Sickel einflußnehmend zur Seite. Es zeigt sich dies deutlich bei einzelnen der Männer, die jenen ersten Zeiten des Instituts angehörten und von denen ich wohl Namen nennen darf, wie: Ottokar Lorenz, F. v. Krones, H. v. Zeißberg, J. v. Zahn und Emler, Thausing und Horawitz, Heinrich Brunner, Thaner und Arnold v. Luschin.

Im Jahre 1869 trat Jäger in den Ruhestand. Direktor des Instituts wurde Sickel. Die Notwendigkeit, einen Ersatz für Jäger zu finden, der von Seite des Ministeriums angeregte Wunsch, geschulte Kräfte auch für Museen zu erhalten, wirkten dahin, daß bis zu gewissem Grade eine Aenderung der ursprünglichen Einrichtung des Instituts eintrat. Vor allem aber entsprang diese gewisse Wendung der Initiative Sickels, der das Institut zu dem gemacht hat, was es seitdem geworden. Die volle Macht der außergewöhnlichen wissenschaftlichen und Lehrkraft Sickels, mit der er seine Schüler zu intensivster Arbeit, zu peinlichster Akribie und kritischer Schärfe anhielt, konnte jetzt zur ganzen Geltung kommen. Die Reorganisation des Instituts erfolgte im Jahre 1874; auf die Einrichtung, die dadurch und seitdem das Institut erhalten, haben wir nun einzugehen.

Das Institut für österreichische Geschichtsforschung ist eine der philosophischen Fakultät der Universität Wien einverleibte Anstalt. In Bezug auf die ganze Leitung und Verwaltung untersteht es jedoch unmittelbar dem Unterrichtsministerium.

Die Ziele sind in den Statuten von 1874 folgendermaßen bestimmt: Errichtet zu dem Zwecke, die Erforschung der österreichischen Geschichte zu fördern, hat das Institut vor allem die Aufgabe, Studierende, welche sich eingehenderen historischen Studien zuwenden wollen, mit den Quellen und Denkmälern im weitesten Umfange, sowie mit der Methode, dieselben für die kritische Behandlung der österreichischen Geschichte zu verwerten, vertraut zu machen. Eine weitere Aufgabe des Instituts ist es, die fachmännische Heranbildung von Beamten für Archive, Bibliotheken und Museen zu erzielen. Mit anderen Worten können wir sagen: wir finden jetzt die Betreibung der für den Historiker notwendigen Vorstudien und Hilfsdisziplinen, die Aneignung der Methode auf allgemeiner Grundlage stärker betont als früher; aber diese Studien sollen eben dazu dienen, um dann auf dem Gebiete der österreichischen Geschichte um so gedeihlicher und energischer arbeiten zu können, und um gerade für jene Berufe vorzubilden, welche am allermeisten dieser Vorkenntnisse bedürfen, für Stellungen vor allem an den Archiven.

Die Institutsstudien, welche zu diesen Zielen führen sollen, zerfallen in ein Vorbereitungsjahr und zwei Jahre Mitgliedschaft. Die Teilnehmer am Vorbereitungskurs, deren Zahl nicht beschränkt ist, haben zu hören Quellenkunde und Litteratur der österreichischen Geschichte, Palaeographie, Chronologie und allgemeine Kunstgeschichte des Mittelalters und der Renaissance. Diese Collegien werden alle zwei Jahre gelesen, der Vorbereitungskurs trifft jedesmal mit dem zweiten Jahrgang des eigentlichen Institutskursus zusammen. Am Schlusse des ersten Jahres findet eine Aufnahmsprüfung statt. Einer solchen können sich auch Studierende anderer österreichischer Universitäten unterziehen, die nicht den Vorbereitungskurs mitzumachen in der Lage waren. Eine weitere Bedingung zur Aufnahme, von der nur ganz ausnahmsweise abgegangen worden, ist die, daß der Kandidat vor seinem Eintritt ins Institut mindestens drei Studienjahre hinter sich habe. Die Zahl der ordentlichen Mitglieder, welche so aufgenommen werden können, beträgt jetzt sechs. Jedes erhält ein Staatsstipendium von 480 fl. Außerdem können nach Maßgabe der Umstände auch außerordentliche Mitglieder aufgenommen werden, die kein Institutsstipendium genießen, aber an Vorträgen und Uebungen teilzunehmen verpflichtet und die Sammlungen zu benützen berechtigt sind.

Die Studien der zwei eigentlichen Institutsjahre sind sodann derart verteilt. Es werden Vorlesungen und Uebungen gehalten über österreichische Quellen, dann über Diplomatik (Kaiser=, Papst= und Privaturkunden, verbunden auch mit palaeographischen Uebungen), über Siegel= und Wappenkunde, über Archiv= und Bibliothekskunde, über Kunstgeschichte. Ein Hauptgewicht wird auf die Uebungen gelegt, in denen neben Durchnahme des laufenden Lehrstoffes Referate, Vorträge und Diskussionen über einschlägige Fragen gehalten werden. Als wünschenswerte Studien und Kenntnisse sind deutsche Rechtsgeschichte und Kirchenrecht, dann Beherrschung des Mittelhochdeutschen und einer oder mehrerer moderner Hauptsprachen bezeichnet.

Zur weiteren Ausbildung der Institutsmitglieder hat auch die Einrichtung der Reisestipendien zu dienen. Zu diesem Zwecke stehen jährlich bis zu 1000 fl. zur Verfügung zu entsprechender Verteilung an die ordentlichen und gelegentlich auch an außerordentliche Mitglieder. Derzeit ist es hauptsächlich eine weitaussehende Unternehmung des Instituts, zu deren systematischer Förderung die Reisestipendien verwertet werden, nämlich die Neubearbeitung der Regesten der österreichischen Habsburger von 1281 bis 1493. Mitglieder, die sich vorzüglich den kunstgeschichtlichen Studien widmen, haben in ähnlicher Weise für die Herstellung eines beschreibenden Verzeichnisses der in Oesterreich vorhandenen Miniatur=Codices des Mittelalters zu reisen.

Am Schlusse des zweiten Jahres haben die ordentlichen Mitglieder und jene außerordentlichen, welche es wünschen, eine Prüfung abzulegen. Hiezu haben sie vor allem eine Hausarbeit über ein frei gewähltes Thema zu liefern. Diese Arbeit soll das wissenschaftliche Können des Kandidaten erweisen, soll die eigentliche Probe sein über die richtige Aneignung und Beherrschung der am Institut gelehrten Disziplinen. Sodann folgen Klausurarbeiten und endlich eine mündliche Prüfung aus österreichischer Geschichte und Quellenkunde, aus den historischen Hilfswissenschaften und aus Kunstgeschichte. Die Zeugnisse lauten jetzt dahin, daß der Kandidat geeignet erklärt wird für diejenigen Zweige des öffentlichen Dienstes, für welche eingehende Kenntnisse in den genannten Richtungen erfordert wird, besonders zu Anstellungen in Archiven, Bibliotheken und Museen.

Um nun diese Studien zu betreiben, stehen dem Institute im neuen Universitätsgebäude schöne Räume zur Verfügung, die leider aber schon zu klein zu werden beginnen. Die Mitglieder haben einen geräumigen Arbeitssaal und einen Korridor zur Benützung, in denen zugleich die Bibliothek aufgestellt ist. Neben Zimmern für den Direktor und die Professoren besitzt das Institut auch einen eigenen Hörsaal; in einem Zimmer hat die mit dem Institut in engsten Beziehungen stehende Diplomata-Abteilung der Monumenta Germaniæ ihr Heim.

Die Sammlungen des Instituts sind im Laufe der Jahre bedeutend angewachsen. Der palaeographisch-diplomatische Apparat besitzt eine Vollständigkeit und einen Umfang, wie es wohl schwerlich eine andere österreichische oder deutsche Universität aufzuweisen haben dürfte. Der Apparat wurde und wird besonders auch dadurch vermehrt, daß durch den Kanzlisten des Instituts von den häufig und überall her leihweise gesandten Urkunden und Handschriften photographische Faksimile gemacht werden. Eine Sammlung von zirka 250 Originalurkunden bildet eine willkommene Ergänzung. Die Sammlung der Siegelabgüsse beträgt jetzt mehrere tausend Stücke. Die Bibliothek ist auf den für eine Handbibliothek ansehnlichen Umfang von etwa 7000 Bänden angewachsen. Mit dem Institut verbunden ist endlich der reichhaltige kunsthistorische Lehrapparat der Universität.

Diese umfangreichen Sammlungen und die Bibliothek kommen nun nicht bloß ausschließlich den jeweiligen Mitgliedern und den Dozenten des Instituts zugute. Es kommen fortwährend Fälle vor, daß In- und Ausländer auf ein oder mehrere Semester an den Vorlesungen und Uebungen des Instituts teilnehmen, wobei ihnen, soweit dies möglich, auch die Lehrmittel zu Gebote gestellt werden. Es ist ferner eine alte Tradition des Instituts, daß einstigen Mitgliedern desselben Bibliothek und Sammlungen zugänglich bleiben, daß sie in den Räumen des Instituts ein wohlbekanntes Heim immer wiederfinden und seine Vorteile genießen können.

Es ist eben ein gewisses geistiges und gemütliches Band, das alte und junge Institutsmitglieder zusammenknüpft und über die Institutsjahre hinaus das Gefühl einer Zusammengehörigkeit wach erhält. Die Gemütsseite dieser freundschaftlichen Gemeinsamkeit kommt zur Geltung in den gelegentlich veranstalteten Institutskneipen und in geselligen Zusammenkünften ehemaliger Institutsgenossen. Das geistige Band aber findet seinen Ausdruck in der vom Institut herausgegebenen historischen Zeitschrift, den „Mittheilungen", die unter Mühlbachers Redaktion seit dem Jahre 1880 erscheinen. Die „Mittheilungen" sind das Organ für die auf dem Institut vertretenen Richtungen, allein dieser Charakter ist durchaus nicht ein ausschließlicher; dank dem erfreulichen Anschluß zahlreicher geschätzter Mitarbeiter aus nah und fern haben sich die „Mittheilungen" in die Reihe der allgemein historischen Zeitschriften gestellt.

Das Institut verfolgt, wie gesagt, neben dem Zwecke einer eindringenden historischen Ausbildung auch das praktische Ziel, vor allem für Archive geeignete Kräfte heranzubilden. Aber was in Frankreich schon längst der Ecole des chartes einen praktischen Rückhalt gegeben hatte, das fehlte in Oesterreich noch Jahrzehnte hindurch, nämlich eine Organisation des staatlichen Archivwesens, welche mit der Vorschule für Archive in lebendiger Wechselwirkung gestanden hätte.*) Allerdings haben von jeher einzelne Zöglinge des Instituts an staatlichen, ständischen, städtischen oder Privatarchiven eine entsprechende Stellung gefunden. Im Haus-, Hof- und Staatsarchiv sind, seitdem es unter der Leitung von Arneth steht, nacheinander eine Reihe von Institutsmitgliedern eingetreten; es haben die Fürsten Schwarzenberg, die sächsische Nation in Siebenbürgen, die ungarische Akademie der Wissenschaften fähige junge Männer an das Institut gesandt, um sie für den Archivberuf ausbilden zu lassen; es hat die Direktion des k. u. k. Kriegsarchives in Wien seit einer Reihe von Jahren ihr unterstehende Offiziere an den Institutskursen teilnehmen und die Prüfung ablegen lassen. Allein es gab in Oesterreich keinerlei Organisation der staatlichen Archive, keinerlei ausgesprochene Bedingungen für den Eintritt in dieselben, die erfolgreich abgelegte Institutsprüfung brachte keinerlei rechtliche Anwartschaft auf eine Stellung in jenem Beruf, für den sich der junge Mann gerade ganz besonders qualifizierte. In dieser Hinsicht ist nun in den letzten Jahren eine erfreuliche Wendung eingetreten. Dank der Initiative, die das österreichische Herrenhaus auf Anregung Helferts und Arneths ergriff, ist seit 1894 eine Organisation der österreichischen staatlichen Archive in Angriff genommen, welche einen stetigen Fortgang nimmt und auch auf nichtstaatliche Archive bereits eine wohlthätige Rückwirkung auszuüben beginnt. Nunmehr ist unter den Vorbedingungen für den Eintritt in den staatlichen Archivdienst an erster Stelle ausgesprochen: Die Staatsprüfung des Instituts für österreichische Geschichtsforschung. Sie genügt für sich allein, um für den Archivdienst zu befähigen; wer sie nicht abgelegt hat, muß sich einer Ergänzungsprüfung aus den historischen Hilfswissenschaften unterziehen. Damit ist das Institut in lebendige Beziehung zum Archivwesen in Oesterreich getreten.

---

*) Diesen Punkt berührte auch ein Aufsatz von J. Lampel: Das Institut für österr. Geschichtsforschung und die österr. Archive, Oesterr.-Ungar. Revue, N. F. 5, 266—277.

Mögen mir zum Schlusse noch einige allgemeine Bemerkungen gestattet sein. Ich möchte gerade an die letzten Erörterungen anknüpfen. Das Institut ist von jeher zur Ausbildung von Beamten für Archive u. s. w. bestimmt gewesen und ist jetzt ein integrierender Bestandteil unserer staatlichen Archivorganisation geworden. Aber das Institut ist keine Archivschule und soll auch keine solche werden. Eine Archivschule, wie sie z. B. in Marburg zum Teil nach dem Muster des Wiener Instituts als thatsächlich unerläßliche Vorbedingung für den preußischen Archivdienst mit besonderer Rücksicht darauf eingerichtet worden, hat eben deshalb eine enger umgrenzte Aufgabe. Das Institut aber will zwar auch Archivschule sein, will und soll jedoch seiner ganzen Geschichte und Bestimmung nach auch außerdem noch etwas sein, nämlich eine Stätte, wo die jungen Männer mit der nötigen wissenschaftlichen Ausrüstung versehen werden sollen, damit sie dann, mögen sie nun Archivare werden oder was immer, imstande seien, der Geschichte und vor allem der heimischen Geschichte nutzbar werden zu können. Dieser Charakter soll dem Institute gewahrt bleiben. Dabei ist es jedoch keineswegs ausgeschlossen und wird nicht ausbleiben können, daß das Institut eben jetzt, da es in enge Beziehung zum Archivwesen getreten ist, diesem Verhältnisse eine gewisse Rechnung trägt, daß der voll gewahrte Standpunkt der allgemeinen Wissenschaftlichkeit mit der Rücksicht auf die praktischen Bedürfnisse verbunden werde.

Eben dieser Charakter des Instituts zusammen mit der Autorität Sickels hat nach und nach ein Vorwiegen der historischen Hilfswissenschaften mit sich gebracht. Man hat daher, und, wie es scheint, nicht selten, dem Institut den Vorwurf der Einseitigkeit, der einseitigen Beschränkung gemacht. Sicherlich, eine gewisse Einseitigkeit läßt sich bei einer solch energischen Neubelebung von Disziplinen überhaupt nicht vermeiden, ja sie ist eine Zeit lang geradezu eine Art Notwendigkeit für die Weiterentwicklung. Es mag ja auch sein, daß hie und da im Eifer das Mittel als Endzweck und Selbstzweck betrachtet und behandelt worden ist. Der gewissen Beschränktheit unselbständiger Naturen kann eben nicht geholfen werden. Aber das dürfte ja doch jetzt allgemein anerkannt sein, daß die Fortentwicklung dieser Seiten unserer Wissenschaft, an der das Institut einen wesentlichen Anteil genommen, im ganzen eine fruchtbare Erscheinung genannt werden muß, daß sie uns eine früher nicht gekannte Vertiefung in der Kenntnis und Kritik der Quellen gebracht hat, daß sie eine viel breitere Grundlage geschaffen hat, um die weit mannigfaltigeren Aufgaben zu bewältigen, welche die Geschichtsforschung unserer Tage dem Historiker stellt.

Endlich haben wir noch einen Punkt zu berühren, auf den wir schon früher hindeuteten. Das Vorwiegen allgemeiner Quellen- und hilfswissenschaftlicher Studien lassen im Lehrbetrieb des Instituts die Beschäftigung speziell mit der österreichischen Geschichte nicht mehr so im Vordergrunde erscheinen, wie dies anfänglich bei der Gründung des Instituts gedacht war. Allein das ist nur eine notwendige Folge der Fortentwicklung des zweiten Grundgedankens, welcher bei der Schöpfung des Instituts maßgebend gewesen, nämlich den Zöglingen desselben die nötigen Vorkenntnisse zu eindringender Beschäftigung mit österreichischer Geschichte zu verschaffen. Diese Hilfsdisziplinen haben indessen eine so mächtige Entfaltung gewonnen, daß es nun thatsächlich unmöglich wäre, sie gründlich und echt wissenschaftlich zu betreiben und zugleich in eben solchem Maße Aufgaben der österreichischen Geschichte in der Weise zu bearbeiten, wie dies sich einstens Alb. Jäger gedacht hatte. Auch da können wir uns jedoch einen Moment vorstellen, wo sich von selber ein gewisses Gleichgewicht ergeben wird. Daß übrigens jenes Vorwiegen der Hilfswissenschaften der österreichischen Geschichte keinen Nachteil gebracht hat, erhellt schon aus der einen Thatsache, daß der überwiegende Teil schon der Prüfungsarbeiten der Institutsmitglieder, mögen sie auch hilfswissenschaftliche Themate behandeln, doch dem österreichischen Quellen- und Geschichtsgebiet entnommen wird. Es erhellt noch viel mehr aus dem Umstande, daß ebenso der überwiegende Teil der Institutsmitglieder sich dann weiterhin in ihrer wissenschaftlichen Arbeit und in ihrer ganzen Thätigkeit ausschließlich oder vornehmlich auf dem Gebiete der österreichischen Geschichte bewegt. Und da kommt ihnen die auf dem Institut genossene Vorbildung gewiß nur zu statten und es ist das Ergebnis sicherlich so gedeihlicher, als wenn die jungen Männer jene Vorbildung gar nicht oder nur mangelhaft genossen hätten. Das Institut selber ist sich endlich seiner Aufgabe, unmittelbar oder mittelbar der österreichischen Geschichte zu dienen, vollauf bewußt; dies zeigt sich wohl darin, daß es an das schon angedeutete Werk der Habsburger Regesten geschritten ist, ein Unternehmen, welches einerseits die hilfswissenschaftlichen Studien auf neue, und zwar heimische Gebiete ausdehnen wird und andererseits für die österreichische Geschichte des späteren Mittelalters von nicht geringer Bedeutung werden dürfte.

Ich schließe meine Ausführungen. Das Institut bildet selbst in seiner Art ein Glied in der Entwickelung unserer Wissenschaft — aber es muß und wird sich stets bewußt bleiben, daß diese Entwickelung nicht stillesteht und daß es immerdar heißt, einer gesunden Fortgestaltung zu folgen, selber niemals stillezustehen und zu erstarren, sondern lebendig zu bleiben und lebendig zu wirken."

Es folgt das Referat des Herrn Prof. Prutz (Königsberg) über das Thema: „Welche Wünsche haben die Historiker gegenüber den Archiv-Verwaltungen auszusprechen?"

„Die Frage nach den Wünschen der Historiker gegenüber den Archiv=Verwaltungen ist schon wiederholt in unseren Versammlungen gestreift worden. Die Teilnehmer des ersten Münchner Tages werden sich eines charakteristischen Zwischenfalles erinnern, der sich ereignete, als wir gelegentlich der Beratung der Stieve'schen Normen auch die Archivfrage berührten, wobei einige Vertreter der Archive uns das Recht, über diese Frage zu diskutieren, streitig machen wollten. Bei der Beratung derselben Normen sodann in Frankfurt ist der Antrag Dobenecker (Jena) eingebracht worden: „Den Archiv=Vorständen steht es nicht zu, darüber zu befinden, ob in Akten, die ein Forscher zu benützen wünscht, sich etwas findet oder nicht findet, was für sein Thema von Wert sein könnte." Der Antrag wurde Veranlassung, daß diese Frage allgemeiner gefaßt und auf die Tagesordnung des vierten Historiker=Tages gesetzt wurde.

Sie zu beantworten gab es nur zwei Wege: man konnte die Beschwerden konkret durch eine Umfrage in Erfahrung bringen und so die reformbedürftigen Punkte feststellen. Dieser Weg durfte aus mehr als einem Grunde nicht betreten werden; den andern will ich gehen, indem ich aus allgemeinen prinzipiellen Anschauungen heraus theoretisch=akademisch gewisse Sätze zu gewinnen suche, die nach meiner und gewiß auch Ihrer Auffassung mehr als bisher bei der Behandlung von Archiv=Verwaltungsfragen als die allein oder doch vorzugsweise geltenden Anerkennung finden sollten.

Ich sehe ab von den Unterschieden, die zwischen den Archiven bestehen, und möchte „Archiv" rein als Begriff, als Typus einer Gattung aufgefaßt sehen, und glaube, die Wünsche, die der Historiker=Tag hat, werden umsomehr ins Gewicht fallen, je einfacher, klarer und prinzipieller sie gefaßt sind. Es handelt sich nicht um Eingriffe, sondern um berechtigte Wünsche nicht nur den Archiv=Verwaltungen, sondern auch den staatlichen Instanzen gegenüber. Vor allem möchte ich ausgeschlossen wissen, einen Gegensatz zwischen Archiv=Verwaltungen und Historikern anzunehmen. Wir sind den Archiv=Verwaltungen gewiß zu Dank verpflichtet. Wir sehen in ihnen Fachgenossen, die mit uns auf ein und dasselbe Ziel hinarbeiten.

Der Laie freilich, der außerhalb des wissenschaftlichen Getriebes steht, könnte meinen, wenn er die Massen der neuerdings veröffentlichten archivalischen Publikationen überblickt, wenn er sieht, wie selbst die einer jungen Vergangenheit angehörenden Ereignisse mit archivalischer Genauigkeit beleuchtet werden, daß kaum noch viel zu wünschen übrig bleiben könnte. So ist es aber nicht!

Als vor zirka 200 Jahren Pufendorf in seinem Werk über den Großen Kurfürsten eigentlich das erste in modernem Sinn archivalische Quellenwerk veröffentlichte, hat das eine Reihe von Reklamationen seitens des preußischen und auch seitens fremder

Höfe veranlaßt, und selbst in den Gelehrtenkreisen gab es gewaltiges Entsetzen ob der Profanierung der Aktengeheimnisse. Sogar Leibniz stimmte in ihr Entsetzen ein und meinte, nur durch einen rechtzeitigen Tod sei Pufendorf der Vergeltung entrückt worden. Dabei scheint Leibniz sich vor sich selbst rechtfertigen zu wollen, wenn er sagt, es gebe eine doppelte Geschichte, eine äußere, öffentliche (Verträge, Friedensschlüsse 2c.) und eine andere über die inneren Anlässe der Geschichte, und diese sei immer unzuverlässig und voll Widerspruch. Immerhin aber sei Pufendorfs Werk recht brauchbar, wie alles, was aus den fürstlichen Archiven ans Licht gebracht wird.

Solchen Anschauungen begegnen wir vereinzelt wohl auch noch heutzutage. Ich entsinne mich eines älteren Fachgenossen, der vor 1866 in Kassel über Dinge, die 250 Jahre zurück lagen, forschen wollte, und der gebeten wurde, Kassel zu verlassen. Aehnliches geschah auch später noch, und nicht etwa bloß in Deutschland. Noch vor wenigen Jahren fand Oncken in London, als er Forschungen über die Jahre 1813 und 1814 anstellen wollte, verschlossene Thüren.

Sicher ist seitdem vieles besser geworden, und ich möchte es als ein glückverheißendes Zeichen begrüßen, daß wir diese für unsere Wissenschaft so wichtige Verhandlung auf österreichischem Boden führen dürfen. Wir haben soeben gehört, daß hier der Geist wahrer, wissenschaftlicher Geschichtsforschung unter staatlichem Schutze groß gezogen worden ist. Auch das Prinzip der Geheimhaltung der Archive wurde hier zuerst aufgegeben, und wir dürfen Alfred von Arneth als Bahnbrecher danken. Was er in Wien gethan, das kam dann überall zur Durchführung. Ganz besonders begrüße ich die Anwesenheit Sr. Excellenz FML. v. Wetzer, des Directors des Kriegsarchives in Wien, der immer den wissenschaftlichen Interessen gedient hat!

Aehnliche Ideen, wie sie Arneth durchgeführt hat, haben anderwärts befruchtend gewirkt: in Preußen nahm sie v. Sybel auf, und schließlich öffnete sogar der Vatican seine Schätze.

Aber gewisse Schranken sind geblieben, und je mehr das richtige Prinzip anerkannt wird, desto empfindlicher sind Verstöße gegen dasselbe.

Ich habe versucht, die Wünsche, die dieser Historiker-Tag im Interesse der Wissenschaft an die Archiv-Verwaltungen, respektive die ihnen vorgesetzten staatlichen 2c. Autoritäten zu richten hat, in folgende Sätze zusammenzufassen:

I. Soweit ihr Inhalt nicht unmittelbar noch gegenwärtig im Flusse befindliche politische Fragen betrifft, so daß Veröffentlichungen daraus staatliche Interessen schädigen könnten, sind die Archive wissenschaftliche Sammlungen und demgemäß zu behandeln.

II. Wird die Zeitgrenze, bis zu der ihre Benützung demnach überhaupt freizugeben ist, nicht überall eine und dieselbe sein können, so wird sie doch im allgemeinen mindestens bis zur Mitte unseres Jahrhunderts vorzurücken sein.
III. Bei Anerkennung und Durchführung dieser Grundsätze würde sich die Erfüllung der folgenden, für die Praxis besonders wichtigen Wünsche als selbstverständlich ergeben:
1. Da der Inhalt der Archive Gemeingut der historischen Wissenschaft ist, so steht den Archiven und ihren Beamten als solchen in Betreff der Veröffentlichungen daraus ein Vorzugsrecht nicht zu.
2. Die Zulassung zur Archivbenützung ist weiter zu erleichtern durch Beseitigung der bisher noch vielfach von dem Nachsuchenden zu erfüllenden umständlichen Formalitäten: sie erfolgt für den der Benützung endgiltig freigegebenen Teil unmittelbar durch die Archiv-Vorstände.
3. Sie gilt nicht bloß für einzelne, von dem Nachsuchenden zu bezeichnende Aktenstücke oder Aktenstück-Serien, sondern für alle die Archivalien, welche den den Nachsuchenden beschäftigenden Gegenstand betreffen.
4. Sie berechtigt den Benützer daher zur Ein- und Durchsicht nicht bloß der Archiv-Repertorien und Kataloge, sondern auch derjenigen Akten, in denen er nach ihrer Bezeichnung geeignetes Material vermuten darf.
5. Eine Kontrole über die Benützung (durch amtliche Durchsicht der Excerpte und Abschriften u. a. m.) findet nicht statt, auch nicht in Bezug auf die Archivalien, die außerhalb des freigegebenen Gebietes erst auf Grund besonderer Erlaubnis benützt werden durften.

Der Widerspruch, der hie und da noch zwischen wissenschaftlicher Freiheit und der Verschlossenheit der Archive oder einzelner Abteilungen derselben besteht, entspringt aus der Doppelnatur der Archive, die von Haus aus nur Registraturen sind. Wenn man dagegen in Erwägung zieht, was die Archive in ihren älteren Teilen faktisch geworden sind — Sammlungen kostbaren Materials — so wird man es möglich erachten, sich darüber zu verständigen, damit größere Freiheit Geltung finde.

Die Archive sind heute nur zum Teil noch große Registraturen, sie sind Sammlungen eines für die Praxis des gegenwärtigen Staatslebens meist wertlos gewordenen historischen Materials. Wenn ihre alten und neuen Teile noch räumlich und durch die Person des Beamten verbunden sind, so ist das etwas Aeußerliches, und es kann wohl dasjenige, was nicht unmittelbar noch schwebende politische Interessen gefährden könnte, **uneingeschränkt** der

2*

Wissenschaft zur Benützung überlassen werden. Diese älteren Teile sollten also zugänglich sein wie eine Bibliothek.

Schwieriger ist die Frage nach der Zeitgrenze zwischen den als wissenschaftliche Sammlungen anzusehenden Teilen der Archive und jenen, die wegen zu großer zeitlicher Nähe noch nicht freigegeben werden können. Es wird sich freilich eine Norm, die gleichmäßig für alle Archive und speciell für die deutschen und österreichischen gelten könnte, wohl nicht vereinbaren lassen. Die Zeitgrenze hängt von der Natur der Aktenstücke, der politischen Wichtigkeit der darin behandelten Fragen, häufig auch von persönlichen Momenten ab. Es ist z. B. begreiflich, daß das Archiv einer regierenden Familie um deren Ansehen willen verschlossen bliebe, wenn es nur der Skandalosa wegen durchsucht würde. Als zeitliche Grenze möchte ich — natürlich mit Unterschieden — heutzutage ungefähr die Mitte unseres Jahrhunderts angenommen sehen: von den um das Jahr 1850 wirkenden Staatsmännern dürfte wohl kaum einer noch am Leben sein. Ausnahmen zu statuieren müßte natürlich gestattet bleiben.

Diese allgemeinen Sätze vorausgesetzt, würde sich in vielen praktischen Dingen, die dem Forscher oft recht unbequem werden, eine Erleichterung ergeben, die weder die Autorität der Archive, noch die der Beamten berühren könnte. Daher bringe ich an dritter Stelle einige Punkte, die — das Prinzip anerkannt — eine erfreuliche Aenderung zur Folge haben würden. Wenn der Inhalt der Archive Gemeingut der Wissenschaft ist für jene älteren Teile, so möchte ich noch ausdrücklich ausgesprochen sehen, daß die Archivbeamten als solche nicht ein Vorzugsrecht in Bezug auf die Benützung und Veröffentlichung haben sollen. Auch würde in Bezug auf die Zulassung zu diesen älteren Teilen eine Vereinfachung eintreten können gegenüber dem langen, zeitraubenden Instanzenzug, wie er z. B. bei den preußischen Archiven notwendig ist, oder gar in Frankreich, wo man, um im Archiv des äußeren Ministeriums arbeiten zu dürfen, ein befürwortendes Gutachten der Zentralkommission bedarf, die selten tagt. Am einfachsten wäre es, wenn für die der Benützung freigegebenen Archivteile die Entscheidung über die Zulassung einfach in die Hände der Archiv-Vorstände selbst gelegt würde.

Eine Hauptschwierigkeit für den Forscher besteht darin, daß man von ihm fordert, er möge genau sagen, was er sehen will. Häufig kann er den betreffenden Aktenfaszikel nicht bezeichnen, umsoweniger, als er in der Regel zu den Repertorien und Katalogen nicht Zutritt hat. Gerade dieser Uebelstand sollte vor allem beseitigt werden, der Forscher sollte selbst in den Repertorien nachsuchen und überhaupt alles einsehen dürfen, was an Aktenstücken seinem Forschungsgebiet angehört.

Endlich noch ein Punkt. Wir sind gewohnt, daß auch der Gegenwart recht nahe politisch wichtige Vorgänge schon archivalisch beleuchtet werden dürfen. Das soll gewiß, weil es sich um Akten handelt, die dem zugänglich gemachten Teile nicht zugewiesen werden konnten, immer nur auf Grund der Erlaubnis der betreffenden Staatsinstanz geschehen. Aber sobald diese Erlaubnis erteilt ist, hat, wie ich glaube, der Staat sein Aufsichtsrecht hinreichend ausgeübt. In Frankreich muß noch heute jedes Excerpt, welches über die Zeit nach 1789 gemacht wird, einer Zensur vorgelegt werden. Akten, in denen sich Dinge finden, die aus Staatsinteresse geheimgehalten werden, sollte man einfach nicht herausgeben. Thut man es aber, dann ist eine Kontrolle nicht am Platze.

Das sind die Gesichtspunkte, die sich mir für die gestellte Frage dargeboten haben, und es würde mich freuen, wenn sie im großen und ganzen Ihren Beifall fänden, und Sie Ihre Autorität als Historiker-Tag dafür in die Wagschale legten."

Hierauf beginnt die Debatte über Prof. Prutz' Referat.

Professor Stieve (München) ergreift das Wort, weil Prutz seinen (des Redners) Namen in Begleitung eines historischen Irrtums genannt habe. Die Erörterungen über Archivbenützung hätten in München nicht an Stieve angeknüpft; dort habe man sich bereits ex officio mit dieser Frage befaßt; Heigel habe damals einen Vortrag gehalten und durch einschlägige Thesen die Verhandlungen eingeleitet. Wie alle wichtigen hierauf bezüglichen Fragen sei damals auch bereits die Zeitgrenze erörtert und hierüber ein Beschluß gefaßt worden.

Redner rügt den Uebelstand, daß diesmal, wie schon mehrfach, die Thesen zu spät in die Hände der Teilnehmer gelangten, weshalb er auch heute nicht in der Lage sei, die damaligen Beschlüsse vorzulegen. Es sei in München vereinbart worden, die Beschlüsse des Historiker-Tages allen den verschiedenen Regierungen und dem Reichstage von Deutschland mitzuteilen. Es sei aber nichts darauf erfolgt.

Redner ersuche, daß die endgiltige Fassung der Beschlüsse mit einem Hinweis auf die Münchner Beschlüsse dem Ausschuß übertragen werde. Im allgemeinen sei aber von solchen Anträgen nicht viel zu erwarten. Das Entscheidende sei doch immer die Persönlichkeit der Archivare. Selbst bei Aufstellung der freisinnigsten Grundsätze würde es sich hauptsächlich darum handeln, ob der betreffende Archivar wohlwollend, ob er fleißig ist, ob er ein gutes Gedächtnis und Findergeschicklichkeit besitzt.

Bezüglich der Repertorien sei zu bemerken, daß sie oft nicht das enthalten, was sie sollten. In großen Archiven sei es gar nicht möglich, alles zu registrieren. Manches Aktenstück komme dem Archivar nur zufällig in die Hände. Redner arbeite schon seit 30 Jahren in den Münchner Archiven und empfinde besonders eines angenehm, daß nämlich die Beamten sich immer mehr bemühen, selbst Dinge aufzufinden, um sie vorzulegen. Der Geist auf dem Gebiete der Forschung sei ein anderer geworden, und werde es noch mehr, je mehr wir wissenschaftliche Archivare bekommen. Gewisse Anschauungen in Regierungskreisen könnten wohl nie ganz überwunden werden. Aber im allgemeinen könnten wir bei der Entwicklung, die die Wissenschaft nahm, bei dem Fortschritte des freiheitlichen Geistes und der stark hervortretenden wissenschaftlichen Richtung mit Zuversicht in die Zukunft blicken. „Wir sollen nicht zu ängstlich gewisse Dinge zu formulieren suchen, die sich nicht formulieren lassen!"

Redner befürwortet die Freigabe der Repertorien im allgemeinen, spricht sich aber gegen die allzu genaue Fixierung der Zeitgrenze aus, da sich diese nach dem Material richten müsse.

Geheimrat v. Weech (Karlsruhe) meint, auf seine speciellen Kenntnisse verweisend, es sei ein wesentlicher Unterschied, ob es sich um Spezial-, Lokal- oder staatliche Archive handelt. So sehr die unbeschränkte Benützung für den Forscher wünschenswert erscheine, könnten die Archive doch keineswegs nur auf den Standpunkt wissenschaftlicher Sammlungen gestellt werden, da hier die politischen Verhältnisse zu beachten seien. Redner hat gehört, daß ein kleiner deutscher Staat einmal einem großen deutschen Historiker unbeschränkte Benützung seiner Archivalien gewährte, wodurch er in eine Kontroverse mit einem großen deutschen Staatsmann kam, welcher deshalb die Minister des kleinen Staates für weniger vertrauenswürdig hielt. Es sei für den Historiker wie für den Archivar schwer zu sagen, wodurch das Staatsinteresse nicht mehr geschädigt werden könne. Die Entscheidung werde immer bei den verantwortlichen Organen des Staates liegen. Redner wünscht daher aus der Prutz'schen These I. das Wort „unmittelbar" gestrichen.

Bezüglich der Zeitgrenze sei das Ende der 1840er Jahre das Maximum, welches noch gestattet werden könne.

Mit den übrigen Thesen erklärt sich Redner einverstanden. Daß den Archivaren ein Vorzugsrecht zukäme, sei eine veraltete Anschauung. Wenn aber jemand einen Auftrag vom Herrn des Archives habe, so müßte ihm das Vorrecht eingeräumt werden. Es sei zu wünschen, daß dem Archivbenützer womöglich alles einschlägige Material vorgelegt werde; denn der Archivar könne nicht so umfangreiche Kenntnisse haben, namentlich auf dem Gebiete der jetzt beliebten wirtschaftsgeschichtlichen Arbeiten, um seinerseits zu wissen, worauf es dem Benützer ankomme.

Daß die Repertorien vielfach unvollständig und auch die neuen ungenügend seien, lasse sich nicht leugnen. Betreffs der Kontrolle endlich müsse natürlich von jedem Zopf abgegangen werden. Doch werde es sich immer darum handeln, ob man zum Forscher das Vertrauen haben kann, daß er das „noli me tangere" gewisser Gesichtspunkte berücksichtige. Manches, dessen Kenntnis dem betreffenden Gelehrten erforderlich scheine, dürfe nicht veröffentlicht werden.

Sektionschef v. Inama-Sternegg (Wien) wirft zwei Fragen auf: 1. Ob es nicht möglich sein werde, den Zugang zu Archiven zu erzwingen, welche bisher verschlossen gehalten wurden, und 2. ob es zu verhindern sei, daß Archive verschleudert werden.

Wenn man bedenke, wie oft der historischen Forschung Schranken gezogen sind, nur weil manche Besitzer von geistlichen, Kommunal- und grundherrschaftlichen Archiven diese nicht zugänglich machen, so sei die Frage berechtigt, ob die Historiker nicht der Regierung den Gedanken nahe legen sollten, daß auch hier ihre Autorität zur Geltung komme. Bezüglich des zweiten Punktes sei zu bemerken, daß es bereits Gesetze analoger Art gebe; und es frage sich, ob es nicht möglich sei, den Verkauf von Archiven ohne staatliche Intervention zu verbieten.

Die Juristen in dieser Versammlung mögen sich hiezu in ein Komité vereinigen oder diese beiden Grundgedanken könnten doch wenigstens im Anschluß an die Prutz'schen Thesen zum Ausdrucke kommen!

Prof. Schmoller (Berlin) betont, daß er schon seit 30 Jahren in Archiven thätig, stets für eine möglichst liberale Behandlung der Archivschätze eingetreten sei. Prutz habe in seinen Ausführungen eines übersehen, daß nämlich die Staatsinteressen unter Umständen feindlich den wissenschaftlichen gegenüberstehen. Es könne starke staatliche Interessen geben, daß gewisse Dinge nicht in die Oeffentlichkeit kommen. Redner kenne Fälle, wo Fürst Bismarck, dem ein feines Verständnis hiefür gewiß nicht abzusprechen sei, Akten aus dem vorigen Jahrhundert zu publizieren verboten habe, da ihre Publikation in diesem Augenblicke Nachteile für Deutschland mit sich bringe. Solle nun hier nicht das Staatsinteresse vorwiegen?

Ferner sei ein Moment wohl zu beachten: Die Skandalosa der Höfe. Redner selbst sei bei Herausgabe von Aktenstücken zur Geschichte Friedrichs des Großen auf solche Scandalosa gestoßen, die den russischen Hof betrafen. Hätte da Preußen nicht zu besorgen gehabt, daß durch die Veröffentlichung dieser Dinge der russische Hof tödlich verletzt würde?

Es stehe fest, daß derjenige, welcher wirklich wissenschaftliche Interessen verfolge, in jedem Archiv gut behandelt werde; gegenüber Personen aber, deren Charakter und Absichten man noch nicht kenne, müsse man natürlich vorsichtig sein. Je mehr man schablonenhafte Reglements gebe, desto mehr sei gleichmäßiges Vorgehen gegen alle notwendig und darunter litten dann gerade die besten, fleißigsten Archivbenutzer.

Schließlich wünscht Redner in die Pruß'sche These III, 1 noch die Ergänzung aufgenommen, daß amtlichen Publikationen ein Vorzug vor allen anderen eingeräumt werden müsse.

Prof. v. Thudichum (Tübingen) unterstützt den Wunsch Stieves, die endgiltige Fassung der Beschlüsse dem Ausschuß zu überlassen, und stellt folgenden Antrag:

„Der Historiker=Tag erneuert seine schon in München ausgesprochenen Wünsche nach Beseitigung solcher Schwierigkeiten in der Benützung der öffentlichen Archive, welche durch Staatsinteressen nicht geboten sind, und beauftragt den Ausschuß, diese Wünsche genauer zu bestimmen und in geeigneter Weise zu veröffentlichen."

Archivsekretär Dr. Striedinger (München) wendet sich gegen Pruß, indem er betont, die älteren Teile der Archive hätten nicht aufgehört, Verwaltungszwecken zu dienen. Praktischer wäre es daher, daß man neben dem Verwaltungszwecke den wissenschaftlichen als gleichberechtigt bezeichnete. Gegen den Ausdruck „staatliche Interessen" sei einzuwenden, daß der Staat nicht nur politische, sondern auch fiskalische Interessen habe.

Nach einer Pause wird die Debatte fortgesetzt.

Landes=Historiograph Bretholz (Brünn) erklärt sich mit den Pruß'schen Ausführungen einverstanden; doch möge man auch Rücksicht nehmen auf die nicht im Wohnorte des Historikers befindlichen Archive. Es wäre also ein Zusatz betreffs des Austausches von Archiv zu Archiv am Platze.

Prof. Huber (Wien) versichert, daß von den ausgesprochenen Wünschen die wichtigsten in Oesterreich bereits durchgedrungen seien. Um in ein Archiv zugelassen zu werden, genüge oft eine schriftliche Meldung beim Archiv=Vorstand. Die Vorschrift, daß Exzerpte und Abschriften vorgelegt werden müssen, bestehe gegenwärtig in Oesterreich nicht (wogegen sich im Saale Widerspruch erhebt).

Bezüglich These II schlägt Redner die Wendung vor: „im allgemeinen gegen die Mitte des Jahrhunderts", und schließt sich dem Wunsche an, die Anträge vom Ausschuß weiter prüfen zu lassen.

Exzell. FML. v. Wetzer (Wien) hebt hervor, daß ohne die Unterstützung des Archivars kein Forscher in einem Archiv gedeihlich würde arbeiten können. Nicht von Instructionen und Archiv=Vorschriften hänge der Grad der Erleichterung der Archivbenützung ab, sondern von dem Geiste, in welchem das Archiv geleitet werde und von dem größeren oder geringeren Verständnis des Archivars.

Gewiß dürfe dem Urteil des Archivars nicht alles überlassen werden, aber ein gewisses Urteil müsse ihm seiner schweren Verantwortlichkeit wegen vorbehalten bleiben. Es sei von selbst durch die Tüchtigkeit der Archivare in den letzten Jahren besser und leichter geworden, daher es zweckmäßiger erscheine, dieser Entwicklung zum

Guten auch fernerhin zu vertrauen, statt Gesetze zu verlangen, die entweder von archivunkundigen Beamten gemacht und dann unbrauchbar oder von den Vertretern der Archive selbst entworfen und dann überflüssig seien.

Die Prutz'schen Thesen seien daher, genau genommen, nicht notwendig. Redner schlägt vor, durch die Gelehrten, die sich in öffentlichen Vertretungskörpern befinden, dort, wo dies noch nötig sei, den Regierungen gegenüber den Wunsch auszusprechen, sie mögen die Archive nach Thunlichkeit öffnen."

Prof. Stieve (München) bringt folgenden Antrag ein:

„Es ist in den Beschlüssen über das Archivwesen zu betonen, daß wissenschaftlich gebildete Archivare angestellt werden müssen."

Prof. Prutz (Königsberg) bekennt sich zu dem von Stieve bemerkten Irrtum. Im übrigen müsse er feststellen, daß die Mehrzahl der Forscher sich nicht in der angenehmen Lage befände, wie Stieve, 30 Jahre in einem Archiv ein- und auszugehen und daher schon genau bekannt zu sein. Formalitäten seien thunlichst zu beseitigen, um allen, die wissenschaftlich thätig sind, den Zutritt zu erleichtern. In Deutschland bestünden die guten Zustände in Archiven noch nicht wie in Oesterreich. Daher richte er im Namen der deutschen Fachgenossen die Bitte an die österreichischen, ihre hierauf bezüglichen Bestrebungen zu unterstützen.

Redner acceptiert den Vorschlag v. Weech zu These I und erklärt sich einverstanden, aus These II das Wort „mindestens" zu streichen. Die Unterabteilungen von These III halte er aufrecht; denn schließlich hätten doch die meisten Redner gesagt, dies alles sei recht wünschenswert. Doch sei er mit einer nochmaligen Umarbeitung einverstanden und schließe sich daher v. Thudichum an.

Da sich v. Wetzer gegen eine Formulierung erklärt, ist v. Thudichum bereit, den letzten Passus — „und in geeigneter Weise zu veröffentlichen" — fallen zu lassen.

Der Vorsitzende äußert die Meinung, es müßte, falls der Ausschuß mit einer nochmaligen Bearbeitung der „Wünsche" betraut werde, über das Elaborat auf dem nächsten Historiker-Tage abgestimmt werden, oder aber dem Ausschuß der Auftrag erteilt werden, seine Beschlüsse an die verschiedenen Staatsverwaltungen zu senden.

Prof. Stieve (München) will den Ausschuß beauftragt sehen, diese Wünsche zur Kenntnis der Oeffentlichkeit zu bringen. Er habe die geeigneten Wege zu finden. Heute solle nur der erste Teil des Antrages Thudichum zu Abstimmung kommen, aber **nicht** in dem Sinne, daß die „Wünsche" am nächsten Historiker-Tage wieder vorgelegt werden, sondern daß alles Weitere dem Ausschuß überlassen bleibt.

Prof. Seeliger (Leipzig) spricht sich gegen die Bevollmächtigung des Ausschusses zur Formulierung specieller Wünsche aus, über welche die Versammlung sich nicht zu einigen vermocht hatte.

Durch Erheben von den Sitzen wird der **Antrag Thudichum** von der Mehrheit **angenommen.**

Schluß der Sitzung: halb 2 Uhr.

2. Sitzung.

Freitag, Nachmittag 4 Uhr. Den Vorsitz führt Geheimrat v. Weech (Karlsruhe).

Herr Prof. Richter (Graz) ergreift das Wort zu seinem Referat „über die Anlage eines historischen Atlas der Alpenländer".

„Es ist nicht der Zweck des Referates, welches ich auf Wunsch meines Freundes Prof. v. Zwiedineck übernommen habe, Beschlüsse allgemeiner Art hervorzurufen, denn ich glaube, daß in diesem Falle solche Beschlüsse noch wertloser wären als sie sonst wohl sind. Ich habe vielmehr lediglich die Absicht, das Interesse der Fachgenossen dem in Rede stehenden Gegenstande zuzuwenden. Außerordentlich erfreulich war dabei für mich die Wahrnehmung, die ich im mündlichen Verkehr machen konnte, daß viele Teilnehmer des Historiker-Tages sich auf die bloße Ankündigung des Themas hin lebhaft für das Problem interessierten.

Es ist auffallend, daß die Lösung der Aufgabe des historischen Atlas, überhaupt die Kartographie des Mittelalters und der letzten Jahrhunderte so weit rückständig geblieben ist. Man wird kaum einen Historiker finden, der nicht von dem Werte kartographischer Beilagen zu Urkundenbüchern, Weisthümerausgaben u. dgl. und von der Wichtigkeit eines zusammenfassenden Atlas überzeugt wäre. Und doch ist bisher so wenig Derartiges wirklich zustande gekommen. Der Hauptgrund davon scheint der zu sein, daß man sich die Sache zu schwierig vorstellt, wenn man nicht die nötige Erfahrung in kartographischen Dingen besitzt. Die Sache ist nicht schwierig, sie ist auch bei dem heutigen Stand der kartographischen Technik nicht besonders kostspielig, da der Terrainstich, der die Karten am meisten vertheuert, in diesem Falle wegbleiben kann.

Es wäre nicht notwendig, daß Editionen ohne Kartenbeilagen veranstaltet werden; das Weglassen eines Bogens Einleitung würde häufig eine ganz ausgezeichnete kartographische Beilage bezahlen.

Es gibt aber auch noch andere Gründe, welche die Herausgabe größerer historischer Atlanten verhindert haben. Das Problem ist sehr kompliziert, es ist für die verschiedenen Gebiete unserer deutschen und österreichischen Länder sehr verschieden. Etwa einen historischen mittelalterlichen Atlas für das ganze österreichische Reichsgebiet herzustellen, wäre eine Aufgabe, die weit über den möglichen Vorstellungskreis eines Einzelnen hinaus geht. Wenn man daher etwas erreichen will, so muß man das Problem möglichst vereinfachen und präzisieren und die einzelnen Aufgaben klar umschrieben ins Auge fassen. Mit großen allgemeinen Vorbereitungen kann ich mich daher nicht einverstanden erklären. Je präziser, je enger man die Aufgabe faßt, desto eher wird sie ausführbar sein. Eine Kommission von Gelehrten arbeitet ja nie etwas direkt, sondern es arbeitet immer nur der Einzelne, der Interesse für das betreffende Problem hat. Das ist der rechte Mann. Wäre es damit auch auf unserem Gebiete gethan, so hätten wir sicherlich bessere Resultate zu verzeichnen. Hier aber vermag der Einzelne nichts, da die Kosten solcher Unternehmungen nur von einer Korporation oder einem Staate aufgebracht werden können. Diesen gegenüber nun wird man aber am ehesten etwas erreichen, wenn man mit präzisierten Forderungen, ich möchte sagen, mit einem Kostenvoranschlag hervortritt. Allzu umfangreiche Pläne erschweren die Ausführung. So bin ich gefragt worden, warum ich mich nur mit dem Plane eines historischen Atlas für die österreichischen Alpenländer trage. Ich mußte darauf antworten: „Weil das andere über meinen Horizont geht."

Für diesen historischen Atlas werden sich aber im allgemeinen folgende Hauptgrundsätze aufstellen lassen:

1. Der historische Atlas kann nur rückläufig gemacht werden.

Wenn man versucht, für irgend eine frühere Periode eine topographische Frage zu lösen — und ich habe mich früher mit solchen Versuchen beschäftigt — so ist man immer genötigt, herunterzusteigen zu immer jüngeren Quellen, bis man auf die Staatsschriften des 17. und 18. Jahrhunderts kommt. Ich habe mich überzeugt, daß uns die Rechtshistoriker und Staatsmänner des vorigen Jahrhunderts im Verständnis der alten Topographie weit überlegen waren dadurch, daß sie die Vorstellungen aus dem Mittelalter noch im Leben praktisch vor sich hatten. Wir müssen uns erst auf diesen Standpunkt zurückversetzen, das heißt, wir müssen eben mit dem vorigen Jahrhundert beginnen. Freilich wird sich auch dieser Weg schließlich ins Dickicht verlieren, aber wir haben doch einen Weg.

Ich habe selbst bei meinen Arbeiten über die Salzburger Verhältnisse diese Bemerkung gemacht, und sie bestätigt sich auch anderweitig. Ich verweise vor allem auf den ausgezeichneten Atlas der Rheinprovinz, der auch mit dem Ende des vorigen Jahrhunderts begann.

Was aus den früheren Jahrhunderten zur Darstellung gelangen soll, läßt sich im allgemeinen nicht bestimmen, sondern nur für einzelne Fälle. Chmel hat gelegentlich der Schöpfung der Wiener Akademie ein Programm für einen historischen Atlas aufgestellt, indem er vorschlug, Karten herzustellen für den Ausgang der Babenberger, den Beginn der Habsburger, dann solche für das Jahr 1300 2c. Das halte ich für verfehlt. Es läßt sich ohne genaue Untersuchung nicht sagen, ob sich für eine bestimmte Periode etwas kartographisch Darstellbares verändert hat gegenüber einer früheren Periode, wie das ja auch in den verschiedenen Ländern verschieden ist. Ich komme damit auf den

2. Hauptpunkt, nämlich die Frage: was ist kartographisch darstellbar, was ist der Zweck einer Karte? Der Hauptzweck einer Karte ist immer nur die Darstellung von Flächen, nicht die Verzeichnung von Ortsnamen. Diese sind ein Ding zweiten Ranges und wer sich dafür interessiert, dem ist mit einer lexikographischen Zusammenstellung besser gedient, als mit einer kartographischen. Die Karte stellt Flächen dar, und es gilt, die Elemente zu ermitteln, die sich so darstellen lassen. Dies sind nun Teilungen von Reichen, Zustandekommen neuer Territorien durch Vereinigung von alten u. s. w., kurz alles, was mit der Zersplitterung des Bodens zusammenhängt; dann die Abgrenzungen der Justiz und Verwaltung.

3. Es muß für jedes einzelne Land ein eigenes Programm gemacht werden; denn für jedes Land sind besondere Verhältnisse maßgebend. Für Oesterreich und, wie ich glaube, auch für Bayern sind die Gerichtsverhältnisse entschieden das wichtigste territoriale Verhältnis. So habe ich an den Gauen von Salzburg ziemlich sicher nachweisen können, daß diese Gaue von den heutigen Bezirksgerichtsgrenzen an sich zurückverfolgen lassen durch die alten Landgerichte bis in die Karolinger-Zeit. Während somit für uns die Gerichtsbezirke das Wichtigste sind, bin ich aufmerksam gemacht worden, daß dies für andere Teile Deutschlands nicht gelte. Es wird also für jedes Gebiet ein besonderes Programm gemacht werden müssen. Für die Alpenländer würde ich den richtigen Anfang darin sehen, daß zunächst eine Landgerichtskarte hergestellt wird, wie das für Tirol schon vor Jahren durch den Hofrat v. Ficker im Manuskript geschehen ist.

Der Atlas der Rheinprovinz hat das Jahr 1789 als Grenzjahr angenommen; wir in Oesterreich können vielleicht bis 1848 heraufgehen oder mit der theresianischen Zeit abschließen. Von einer Karte der Patrimonialgerichtsbarkeiten jener Zeit müssen wir nach rückwärts gehen. Aufgabe der speziellen Lokalhistoriker wird es sein, die anderen Termine festzustellen, für welche kartographische Darstellungen geboten sind. Jedes Land verlangt einen eigenen Bearbeiter, da die Archive und auch die Studiengruppen geteilt sind.

Das Problem für die österreichischen Alpenländer liegt also vor allem in der Herstellung einer Landgerichtskarte. Das Weitere würde nachträglichen Vorbereitungen und Ueberlegungen vorbehalten sein.

Die Karte soll aber nicht für jedes einzelne der österreichischen Länder separat gemacht werden, sondern wegen des Ineinandergreifens dieser Territorien in einer Reihe von zusammenstoßenden Blättern. Unter der obersten Aufsicht einer Kommission sollte diese Karte herausgegeben werden o h n e weitere Tendenz, ohne die Absicht einer Fortsetzung des Atlas. Diese wird sich finden. So wäre es möglich, der Regierung und den Landesausschüssen der einzelnen Länder oder der kais. Akademie einen Voranschlag zu machen, der sich durch Bescheidenheit empfiehlt. Wenn man mit präzisen Forderungen kommt, erhält man auch etwas; man muß die Dinge nur schlicht, praktisch und nüchtern anfassen!

Es wäre ein Erfolg, der weit über meine Erwartungen hinausgienge, wenn die Entstehung der Landgerichtskarte der österreichischen Alpenländer von diesem Historiker=Tag datierte!

Gestatten Sie mir noch eine persönliche Bemerkung. Als Geograph habe ich Fühlung mit den Naturwissenschaften. Nehmen wir von diesen den Sinn für den Wert des Sichtbaren, für die graphische Darstellung. Welch ungeheurer Vorteil darin liegt, die Dinge greifbar vor sich zu sehen für die eigene Klarheit und die Belehrung anderer, das kann nur derjenige würdigen, der es erprobt hat; es ist ein Vorteil, der gar nicht zu überschätzen ist."

Man tritt sodann in die Debatte über Prof. Richters Referat ein.

Prof. v. T h u d i c h u m (Tübingen) teilt die Hoffnung, daß der heutige Tag das Problem des historischen Atlas seiner Ausführung näher bringen werde. Redner bestätigt, daß der von Richter vorgeschlagene Weg der richtige ist, möchte aber die Beschränkung auf die österreichischen Alpenländer etwas beleuchten. Wenn wir von einem einzelnen Lande eine historische Karte entwerfen, haben wir immer die a l l g e m e i n e n Verhältnisse in Rechnung zu ziehen, für die österreichischen Provinzen die allgemeinen österreichischen, für Deutschland die allgemein deutschen. Unsere Karten müssen ferner so angelegt sein, daß auch die umliegenden Gebiete, wie Schweiz und Elsaß, eingegliedert werden können.

Nicht für alle Karten, aber für gewisse allgemeine muß daher ein gemeinsamer Weg eingeschlagen werden. (Redner führt die seit 1801 in Deutschland angewendeten Karten=Maßstäbe an, die für verschiedene, zum Teil hart aneinderstoßende Gebiete außerordentlich von einander abweichen.) Gerade der Historiker hat die Aufgabe, den einheitlichen Gesichtspunkt mit Energie zu betonen. Wenn wir allgemein mit einem bestimmten Maßstab vorangehen, so steht zu erwarten, daß auch die Schweiz, Luxemburg und die Niederlande nachfolgen werden. Ja, aus der Karte 1 : 500.000 muß eine europäische werden. Diese Hoffnung ist keine Chimäre, denn die Geschichte von Deutschland, jene von Italien und jene von Frankreich greifen so ineinander, daß für diese Gebiete eine gemeinsame Karte notwendig erscheint.

Eines der willkommensten Mittel, historische Karten herzustellen, sind die Grundkarten. (Redner zeigt solche, von ihm hergestellt, im Maßstabe 1 : 100.000 und 1 : 500.000 vor.) Diese Karten müssen nach gemeinsamen Grundsätzen gearbeitet werden, nicht absolut gemeinsam. Bei den Karten 1 : 100.000 sollten die heutigen Gemarkungsgrenzen angegeben werden. Die Meinung, daß dieselben aus dem frühen Mittelalter stammen, hat durch die bisherigen Forschungen über die Wetterau, Hessen, Schwaben Bestätigung erhalten.

Von größter Wichtigkeit aber ist, daß wir uns über gemeinsame Maßstäbe und über das Verfahren bei Herstellung der Grundkarten verständigen. Behalten wir das Wort Arndts im Gedächtnisse: „Das ganze Deutschland soll es sein!"

Prof. v. Zwiedineck-Südenhorst (Graz) bemerkt, daß auf dem Wege, den Richter vorschlägt, auch rein historische Aufgaben zu lösen sein werden. Diese Erfahrung habe man in der historischen Landeskommission für Steiermark gemacht. Bei dem Versuche, eine Geschichte der Verwaltung der Steiermark zu geben, sei man zur Erkenntnis gekommen, daß die Behandlung früherer Zeitperioden eine genaue Kenntnis jener Verhältnisse voraussetze, an welche die modernen unmittelbar angeknüpft haben.

Man werde voraussichtlich die Verhältnisse vor 1848 darzustellen und die Eintheilung der Grundherrschaften nach Territorien zu erforschen haben, um durch Rückschlüsse manche Erscheinungen im Uebergange vom Mittelalter zur Neuzeit aufzuklären. Historiker und Kartograph würden sich hiebei vielfach gegenseitig unterstützen; verwaltungsgeschichtliche Studien müßten mit kartographischen Hand in Hand gehen. Wahrscheinlich werde man auch in anderen Ländern zu diesen Erfahrungen kommen.

Prof. Gothein (Bonn) äußert sich gegen das Prinzip der vollständigen Einheitlichkeit der Karten-Maßstäbe. Bei dem einen Lande könne man sich mit einem kleineren Maßstab begnügen als bei einem anderen. Hier sei die geschichtliche Entwicklung in Rechnung zu ziehen.

Eine Karte für das frühere Mittelalter (die Zeit der Gauverfassung) durch ganz Deutschland wäre entschieden von Vorteil. Sobald aber die Territorialentwicklung zur Bedeutung kommt, sei das Programm Richters allein durchführbar. Auch sei der Weg nach rückwärts der richtige, nur werde die eine Landschaft mit 1848, die andere mit 1789 beginnen müssen.

Für wirtschaftliche Verhältnisse seien allgemeine Karten nicht notwendig, sondern vielmehr einzelne typische Beispiele empfehlenswert. Hier sei also mit der Grundkarte nichts anzufangen.

Gewiß gehe die heutige Zersplitterung zu weit; so sei z. B. das ganze westliche Deutschland, vielleicht auch dazu die Schweiz zu gemeinsamer Arbeit berufen.

Eine gemeinsame Karte für ganz Deutschland aber sei nur für die Zeit der Einheitlichkeit (bis zum Jahre 1000) möglich und am Platze.

Prof. Richter (Graz) erklärt sich mit Gothein einverstanden und betont namentlich die Richtigkeit des Gedankens, daß sich der Maßstab der Grundkarten, das ist der Arbeitskarten, und deren Zahl nach den lokalen Verhältnissen ändern werde. Für die österreichischen Alpenländer z. B. erscheine es als ein zu luxuriöser Behelf, eine Karte 1 : 100.000 neu herzustellen; hier würden die Spezialkarten und besonders die „Uebersichtskarte der Katastralgemeinden" im Maßstab 1 : 116.000 wohl ausreichen. Redner spricht den Wunsch aus, daß aus den Karten v. Thudichums recht bald gedruckte hervorgehen mögen.

Geh. Justizrat Prof. Loersch (Bonn) bemerkt gegen v. Thudichum, die Rheinprovinz habe nicht aus Uebelwollen oder Abneigung eine nur auf die Provinz beschränkte Karte hergestellt. Da die Kosten derselben allein von der Provinz getragen wurden, konnte man mit dem Arbeitsprogramm nicht darüber hinausgehen. Auch mochte man nicht durch lange Verhandlungen mit den angrenzenden Gebieten die Arbeit verzögern.

Schluß der Sitzung: nach 5 Uhr.

Freitag, abends 7 Uhr: Vortrag des Herrn Prof. Hirn (Innsbruck) „über Innsbrucks historischen Boden", welcher sich gedruckt findet in den „Mittheilungen des D. u. Ö. Alpenvereines", Jahrg. 1896, Nr. 18 ff.

Unter den Anwesenden befand sich Se. k. u. k. Hoheit Erzherzog Ferdinand Karl Ludwig, der von den Vorsitzenden des Tages empfangen wurde.

---

3. Sitzung.

Sonnabend den 12. September, Vormittag 9 Uhr.

Nach Eröffnung der Versammlung verliest der Vorsitzende, Prof. v. Zwiedineck-Südenhorst, eingelaufene Begrüßungs-Telegramme von Prof. Kolde (Erlangen), Prof. Loserth (Graz), Prof. Marcks (Leipzig), Prof. Pastor (Innsbruck), dz. Bonn, Geh.-Archivrat Stälin (Stuttgart) und Prof. Werunsky (Prag).

Steuerempfänger J. Lorenz (Aachen) sandte dem Historiker-Tag eine Eingabe zu, in der er sich über Hindernisse beklagt, auf die er gestoßen sei, als er Nachforschungen über seine Familie und seinen verlorenen Besitz anstellen wollte. Die Eingabe wird dem Mitvorsitzenden Prof. Prutz zu weiterer Amtshandlung übergeben.

Es folgt das Referat des Herrn Prof. v. Luschin=Eben=greuth (Graz) „über die Entstehung der Landstände", welches in der Sybel'schen Zeitschrift erscheint und daher an dieser Stelle nur im Auszug mitgeteilt wird.

Die Landstände sind ein Ergebnis spätmittelalterlicher Ent=wicklung. Ihre Ausgestaltung hängt wie jene des Reichstages eng mit der Entwicklung der Landesherrlichkeit zusammen.

So lange der Amtscharakter der Grafschaft, Mark, des Herzog=tums vorwaltete, gab es keine Landstände. Als sich aber die Herren=gewalt über die Gebiete gebildet hatte, bestand sowohl auf Seiten des Reichs als auch der Unterthanen ein Interesse an der Be=schränkung der Fürstenmacht. Wie in anderen deutschen Gebieten, finden wir darum auch in den österreichischen Landen, wo sich die Landesherrlichkeit besonders früh entwickelte, schon vor dem 13. Jahr=hundert eine Beteiligung von Klerus und Landesadel an Regierungs=handlungen, ohne daß wir genau wissen, wie weit dies rechtlicher Anspruch der Mitwirkenden, wie weit freier Wille des Fürsten war. Doch waren die Landstände von Anbeginn das, was sie bis zu ihrem Untergang blieben: nicht Organe des von ihnen vertretenen Landes, sondern bevorzugte Klassen seiner Bewohner, die eine Mit=wirkung in Landesangelegenheiten zu eigenem Recht beanspruchten. Anfangs benützten die Landesherren zur Berathung von Landes=angelegenheiten die Hoftage und die periodisch zum Zwecke der Recht=sprechung abgehaltenen Landtaidinge. Doch dürfen Landtage, Land=taidinge und Hoftage nicht identifiziert werden.

Landstände sind vorhanden, sobald gewissen Klassen der Landesbewohner das Beraten des Fürsten in allgemeinen Landes=angelegenheiten als Recht zusteht, oder dieser darüber hinaus in gewissen Fällen an deren Zustimmung gebunden erscheint.

Zuerst wandte sich der Landesherr nur an die Angehörigen der wichtigsten Geschlechter des Landadels — etwa jene, die sich im Besitz von Burgen befanden — wenn er Verfügungen erlassen wollte, die in deren Interesse eingriffen. Dann erfolgte der Anschluß der Landesprälaten und Landesbischöfe, worauf auch die Vasallen der geistlichen und weltlichen Großgrundbesitzer Teil=nahme beanspruchten. Ihre Zulassung stieß auf den Widerstand der Herren und erfolgte zögernd, hier früher, dort später. Als endlich die landesfürstlichen Städte Bedeutung erlangt hatten, ver=mochten auch sie die Landstandschaft zu erringen; der freien Bauernschaft glückte dies nur vereinzelt, wie z. B. in Tirol.

Im österreichischen Staate läßt sich eine ständische Vertretung in Steiermark am weitesten zurückverfolgen.

In diesem schon früh als Territorium bezeichneten Gebiete ist die führende Rolle bereits im 12. Jahrhundert an die Ministerialen gekommen, weil in Steiermark um diese Zeit die freien Geschlechter teils schon ausgestorben, teils in den Stand der Ministerialität übergetreten waren. Die 1180 zum Herzogtum erhobene Steiermark hatte in Otakar einen todtsiechen Regenten ohne Aussicht auf Nachkommenschaft. Schon bei seinen Lebzeiten hatte daher Otakar mit seinem Vetter Leopold V. Unterhandlungen wegen Uebertragung der Steiermark angeknüpft.

Diese Uebertragung mußte aber an zwei Stellen geführt werden. Zunächst, sollte man denken, mit dem Reiche. Aber infolge des riesigen Grundbesitzes und der Besitzungen, die den Traungauern nicht vom Reiche aus übertragen waren, wurde durch eine Verfügung über den Allodialbesitz des Herzogs — zwar nicht rechtlich, aber thatsächlich auch über das Herzogtum entschieden, denn neben dem Erben der Traungauer hätte sich kein fremder Herrscher behaupten können. Darum wohl erklärte sich Friedrich I. mit der Succession der Babenberger einverstanden. Nachdem so die Verhandlungen mit dem Reiche und zwischen den beiden Herzogen zum Abschluß gelangt waren, hielt man es für geboten, sich auch der Willfährigkeit der mächtigsten Klasse im Lande zu vergewissern, nämlich der Ministerialen. So kam die Georgenberger-Handfeste zustande (1186), eine Verbriefung der Rechte der ministeriales, provinciales und der übrigen proprii des Herzogs, welche in der Folgezeit zur Basis der landständischen Rechte und Freiheiten der Steiermark wurde.

Gelegenheit zur Erweiterung dieser Rechte bot der sechs Jahre später erfolgte Anfall des Landes an Oesterreich. Damals fand der erste nachweisliche Erbhuldigungsakt statt. Die Ministerialen mußten dem neuen Herrn schwören; dieser aber hat zweifellos die zugestandenen Rechte bestätigt. Die typische Form der Erbhuldigung wird fortan bei jedem Regierungswechsel eingehalten. Aus — allerdings dürftigen — Nachrichten über die Rechte der Ministerialen in jener Zeit ersehen wir, daß steirische und bald auch österreichische Ministerialen bei verschiedenen Regierungsakten Leopolds V. und Leopolds VI. mitwirkten (bei Entscheidung von Streitigkeiten, Mautsätzen, Gnadenakten). In einem Dokument von 1217 ist auch bereits die spätere ständische Gliederung angedeutet.

Ferner erfahren wir aus dem österreichischen Landrecht (etwa 1237), daß in einzelnen Fällen der Landesherr nur mit dem Rat der Landesministerialen Akte vornimmt. Deren Mitwirkung zur Sicherung des Landfriedens finden wir auch noch anderwärts und auch reichsgesetzlich bestätigt, so 1276 im Landfrieden für Oesterreich, 1279 bei einer Maßregel der Landessicherheit in Kärnten und 1287 im Schluß des Würzburger Landfriedens.

Im Laufe des 13. Jahrhunderts haben die Ministerialen Steiermarks sich noch weitere Rechte zu erringen gewußt. So wird ihre Zustimmung bei Münzerneuerung notwendig. Nach dem Ausgang der Babenberger beanspruchen sie das Recht, sich ihren Herrn zu wählen. Später bringen sie es sogar dahin, daß sie zur Huldigung erst dann verpflichtet sind, nachdem ihnen der Regent die Einhaltung ihrer Rechte beschworen hat.

Nun frägt es sich, wer waren diese meliores terræ und wie haben sie ihren Einfluß geltend gemacht? Es sind dies die Großgrundbesitzer des Landes, wobei aber fraglich bleibt, was als Kennzeichen des Großgrundbesitzes in jener Zeit anzusehen ist. Wahrscheinlich war Burgenbesitz ein wichtiges Kriterium, jedenfalls aber die Lehensabhängigkeit zahlreicher Mannen vom Herrn. Die Zahl der meliores terræ, das ist der Herren vom Lande, die lehensrechtlich immer höher gestellt sind als die einfache Ritterschaft, war in Oesterreich nicht groß. Hier kommen nur die Großgrundbesitzer in Betracht, die im Lande saßen, so die Landesbisthümer und bis zum Jahre 1200 etwa 50 Klöster. Auch die Ministerialen waren nicht besonders zahlreich. Da es also für ganz Oesterreich nur wenige waren, so war ein so großer Apparat, wie die Versammlung aller, nicht notwendig.

Warum aber haben wir so lückenhafte Ueberlieferungen über die Zahl der Landtage, da wir doch den Einfluß der Landstände gewahr werden? Der landständische Einfluß hat sich eben in einer anderen Form geäußert — nämlich im Rat der Landherren, dem geschworenen Rat. Dieser begegnet uns zuerst im Landfrieden Přemisl Otakars (von 1251) in einer leider lückenhaften Notiz: „Wir haben auch unsern [... zu ergänzen: „Rat"...] mit zwelf herren aus dem lande." Auch finden wir nicht viel später in den Urkunden einen sogenannten Landherrnrat erwähnt, wobei freilich an der Zwölfzahl nicht immer festgehalten worden ist. Dieser Rat also war das damalige ständische Organ. Er hatte eine Doppelstellung, wie wir sie noch später bei den ständischen Behörden finden, z. B. den Landeshauptleuten, welche sowohl dem Landesfürsten als den Ständen verpflichtet waren. Für einen Kreis von 50 bis 60 Geschlechtern höchstens eines Landes bedeutet die Berufung von zwölf aus ihrer Mitte eine gewaltige Bethätigung des ständischen Einflusses.

Den Rat der Landherren finden wir auch anderwärts, nur hat man ihm bisher lediglich Beamteneigenschaften beigelegt. In Oesterreich ist er bis in die zweite Hälfte des 14. Jahrhunderts nachzuweisen, und wir werden sagen können, daß, selbst wenn Versammlungen der gesammten Ministerialen eintraten, wir eigentlich von einem Landherrntag, nicht aber von einem Landtag reden müssen. Albrecht II. läßt — um ein schlagendes Beispiel für die Wirksamkeit des Rates anzuführen — die Hausordnung vom Jahre 1355 beschwören von 36 Landherren von Oesterreich, dann von 18 steirischen und 8 kärntnerischen. Diese schwören für das ganze Land. Es konnten aber auch Willebriefe vorkommen, wie z. B. beim Erbvertrag zwischen Rudolf IV. und Kaiser Karl (1364).

Von Landtagen kann in Oesterreich erst nach dem Jahre 1400 die Rede sein. Entscheidend war der „große Bund" von 1406. Da vereinigten sich Bischöfe, Aebte, Pröpste, Prioren, Adelige und Städte von Oesterreich ob und unter der Enns und diktierten eine Vormundschaftsordnung. Seit dieser Zeit äußert sich die ständische Teilnahme in der Berufung von Landtagen. Und auch anderwärts kommt es damals, zum Teil unter Benützung des Einigungsrechtes, zu Landtagen, die nun eine bleibende Institution bilden.

Die Landtage sind also nur eine bestimmte Aeußerung des ständischen Willens und sind nicht mit den Ständen schlechtweg zu identifizieren, wie es gewöhnlich geschieht. In Tirol z. B., das immer landständisch regiert wurde, werden die Landtage seit dem 17. Jahrhundert immer seltener; das Hauptgewicht wird in die Landesausschüsse verlegt. In Bayern, das die Landstände nie verloren hat, fand 1663 oder 1664 der letzte Landtag statt.

Die Landtage sind also nicht die notwendige Form der Aeußerung des ständischen Willens. Sie sind nicht Hoftage (wie namentlich von Below festgestellt hat), denn die Hoftage beruhen auf der Pflicht der Lehensfolge und setzen daher die Anwesenheit des Herrn voraus, was bei den Landtagen nicht der Fall ist.

Hierauf beginnt die Debatte über v. Luschins Referat.

Prof. v. Below (Münster i. W.) wendet sich gegen v. Luschins Behauptung, daß „die Landstände nicht Organe des vertretenen Landes waren." Sie selbst hätten ausdrücklich gesagt, daß sie sich als Vertreter des Landes ansehen. Sie seien nicht Vertreter des Volkes — unser Begriff Volk existierte damals noch nicht — wohl aber des Landes. Die praktische Bedeutung der Institution liege darin, daß die Stände für alle Unterthanen, die sich an sie wendeten, eintraten — kurz, daß sie (analog unserem Herrenhaus) nicht persönliche Interessen, sondern die des Landes zu vertreten hatten.

Ferner sei das Kriterium der Landstände nicht der Großgrundbesitz — denn gerade die bedeutendsten Großgrundbesitzer (der Klerus) fehlten in manchem Landtag ganz — sondern die militärische Leistungsfähigkeit. Die Ritter seien speziell als Burgenbesitzer berufen worden. Wenn die Landstände in Thronstreitigkeiten entscheidend eingriffen, so sei eben gerade die militärische Leistungsfähigkeit von Bedeutung.

Beweis hiefür sei auch das Erscheinen der Städte und jenes der Bauern dort, wo es eine streitbare Bauernschaft gab, wie in Tirol. Wenn die Ritterschaft in Württemberg und Trier nicht vertreten war, so komme dies daher, daß sie sich der Reichsritterschaft angeschlossen hatte.

Und war die Ritterschaft seit dem 16. Jahrhundert weniger leistungsfähig, so sei eben die Entwicklung der Verfassung nicht gleichen Schritt mit der ihrer Unterlage gegangen.

Prof. v. Thudichum (Tübingen) weist zunächst auf die großen Verschiedenheiten hin, welche schon hinsichtlich der Entstehung der Landstände bestanden. Viele Länder haben sie im 13., andere erst im 15. Jahrhundert erhalten. Dagegen sind die Landstände in Bayern so alt wie die Reichstage.

Als im Jahre 1180 Oesterreich von Bayern abgetrennt wurde, lag es nahe, besondere österreichische Landtage zu schaffen, während die bayrischen fortdauerten, allmählig aber eine Umgestaltung erfuhren. Für ganz Deutschland wurde es von Bedeutung, daß sich zunächst in den geistlichen Fürstentümern die Ministerialen zu mächtigen Genossenschaften emporschwangen, die ihren Bischöfen Gesetze vorschreiben konnten, zumal sie zugleich das oberste Gericht bildeten und an der Bischofswahl entscheidenden Anteil hatten. Der Clerus der Bischofsstadt machte mit den Rittern gemeinsame Sache, da er wesentlich aus der Ritterschaft hervorgieng.

Es ist nicht anzunehmen, daß die Landstädte zu den Landtagen früher berufen worden seien als die Reichsstädte zu den Reichstagen. Der Entwicklungsgang aber ist da und dort ein sehr verschiedener: in einigen Gebieten bildeten die Landstädte ein Gegengewicht gegenüber den Rittern, in anderen giengen sie mit diesen Hand in Hand.

Schließlich unterstützt der Redner den Wunsch v. Luschins, man möge die Geschichte der Landstände in den einzelnen Territorien untersuchen.

Prof. Schmoller (Berlin) erwähnt, daß sich ein Rat, wie jener von zwölf Personen, der dem Herzog von Oesterreich zur Seite stand, auch anderwärts und auch später nachweisen lasse. Doch stehe dieser ständische Rat in einem durchschlagenden Gegensatze zu den späteren Ratskollegien von Beamten. Man könne von Beamtenkollegien erst dann sprechen, wenn diese Ratsgremien dauernd beisammen bleiben (also seit dem 15. und 16. Jahrhundert in jeder Woche einige Sitzungstage haben, die Berufsbeamten in ihnen überwiegen). Ferner frage es bezüglich der ständischen Räte sich, ob der Fürst sie ernenne, oder ob sie ihm von den Ständen und ständischen Familien präsentiert würden. Charakteristisch sei, daß nach und nach Kleriker, Bürger und Juristen, dann auch fremde Adelige in den Rat hineingezogen wurden.

Prof. Stieve (München) wirft die Frage auf, ob nicht das Eindringen der gelehrten Räte die Entstehung eines besonderen Beamtenstandes herbeigeführt habe. Uebereinstimmend hiemit sei zu erwähnen, daß in Bayern aus dem Landmeister ein Obersthofmeister wurde.*)

---

*) Mir sei hier die Bemerkung gestattet, daß sich meine Frage nicht, wie die folgenden Herrn Redner es auffaßten, auf das 13. und 14., sondern auf das 15. und 16. Jahrhundert bezog. F. Stieve.

Prof. Hirn (Innsbruck) findet, daß zwischen den Auffassungen v. Luschins und v. Belows ein wesentlicher Unterschied nicht obwalte. Die Defensionskraft stünde im innigsten Zusammenhang mit der Größe des Grundbesitzes. Auch seien Defensionszwecke bei der Ausgestaltung der Landstände maßgebend gewesen. So z. B. sei in Tirol im 15. Jahrhundert die Türkengefahr entscheidend geworden für den Eintritt der Bischöfe.

Prof. v. Below (Münster i. W.) warnt dem gegenüber vor einer zu einfachen Formel. Ausschlaggebend sei, wie schon früher betont, der Burgenbesitz, nicht Grundbesitz, denn viele Ritter hätten ihr Haupteinkommen aus Geldlehen bezogen, wodurch sie militärisch leistungsfähig wurden.

Prof. Ulmann (Greifswald) wendet sich gegen Schmoller, indem er betont, daß der Hofrat nicht durch den Eintritt der Juristen in den Landtag entstanden, sondern wegen Häufung und Komplikation der Geschäfte notwendig geworden sei. Das Innsbrucker-Libell vom Jahre 1518 beweise, daß die alten Räte nicht mehr genügen konnten.

Prof. v. Luschin-Ebengreuth (Graz) dankt für die lebhafte Diskussion und bemerkt, daß er mit v. Below bezüglich der Bedeutung des militärischen Momentes übereinstimme; nur habe er dies bei der kurzen Vortragszeit nicht stärker hervorheben können. Die Mittel zu militärischer Leistungsfähigkeit aber habe doch nur der Großgrundbesitz geboten; das heißt nicht die Anhäufung von Besitz schlechtweg, sondern ein ganz bestimmt qualifizierter Besitz, der dem Herrn die Gewinnung von vielen Vasallen ermöglichte.

Der Ansicht v. Thudichums, daß die österreichischen Landtage eine Fortentwicklung der altbayrischen seien, kann sich Redner nicht anschließen, denn die altbayrischen Versammlungen waren Hoftage, vom Herzog als Amtsherzog, nicht als Landesherrn einberufen.

Auf Schmollers Bemerkungen sei zu entgegnen, daß der Rat der Landherren wohl zu unterscheiden ist vom Beamtenrat, der übrigens in Oesterreich schon sehr früh (14. Jahrhundert) zu finden ist.

In gewissem Sinne müsse Kollegial-Verfassung auch den Landräten in Oesterreich zugesprochen werden. Für den kollegialen Charakter dieses Rates in Bayern — falls hier die Hypothese Geltung habe — spreche die Bestimmung der Hofordnung vom Jahre 1293, daß von den Landesherren im Rat immer eine Anzahl präsent sein müsse.

Das Eindringen der Juristen gehöre nicht hieher, wo nur von den Anfängen der Landstände die Rede sei; nur herzogliche Räte seien bisher als Studenten an italienischen Schulen nachgewiesen.

Redner verweist bezüglich der näheren Ausführung seiner Behauptungen und der Belegstellen auf sein Lehrbuch der österreichischen Reichsgeschichte.

Prof. Seeliger (Leipzig) bestätigt das hohe Alter des Hofrates für eine Reihe von süddeutschen Territorien. Damit sei Stieves Einwurf aufgehoben. Das Hofmeisteramt sei ursprünglich reines Hofamt gewesen; Anfang des 15. Jahrhunderts fand mitunter eine Teilung statt in ein Landhofmeisteramt und ein rein höfisches Hofmeisteramt.

Nach einer Pause referiert Herr Prof. v. Scala (Innsbruck) über „Individualismus und Sozialismus in der Geschichtschreibung."

Das Referat wird gedruckt werden in der Vierteljahrsschrift „Das Leben", herausgegeben von Fr. Reichsfreih. v. Weichs (Wien, Braumüller), weshalb an dieser Stelle nur ein Auszug erscheint.

Referent betont die Schwierigkeit der Behandlung von derartigen theoretischen Fragen, worauf schon O. Lorenz aufmerksam gemacht und worüber H. von Sybel gespottet habe. Von oben drohten die steilen Höhen der Metaphysik, von unten der verdächtige Abgrund materialistischer Geschichtschreibung; eine zu große Menge philosophischer Kunstausdrücke müsse ebensosehr vermieden werden, wie die Auflösung schwieriger Begriffe in Plattheit. Redner habe nicht vor, die künstlerische Thätigkeit des Historikers zu behandeln, sondern will den Kern einer geistigen Bewegung in der Geschichtschreibung vortragen, losgelöst von allem Persönlichen, und will das Endziel dieser geistigen Bewegung einreihen in zwei Weltanschauungen, die sich keineswegs so schroff gegenüberstehen, als man gemeiniglich glaubt. Vielmehr sei die eine — noch im Besitze der Herrschaft — schon vielfach durchsetzt von der anderen, diese aber gleiche in ihrem siegreichen Vordringen einem angeschwollenen Strome, der mehr Gebiet in Anspruch nimmt, als er dauernd behaupten kann.

Redner geht sodann aus vom Meinungsaustausch, der über die Aufgabe der Geschichtswissenschaft zwischen Dietrich Schäfer und Gothein im Jahre 1889 stattgefunden habe. Ersterer habe die Machtmittel des Staates als die hauptsächlichsten Objekte der Geschichtswissenschaft hingestellt, was in einem gewissen Sinne einen Rückschritt hinter die von Thukydides aufgestellten Ziele — $\dot{\alpha}\rho\chi\dot{\eta}$ καὶ ἐλευθερία — bedeute. Schäfer gegenüber habe Gothein mit Recht aufmerksam gemacht auf die Erweiterung des Gebietes durch die exacte individualgeschichtliche Forschung, wie sie durch Jakob Burckhardt und Gustav Freitag längst betrieben wurde.

Ein schärferer Gegensatz liegt vor in der Controverse zwischen Lehmann und Lamprecht.

Lehmann hatte sich gegen die Uebertragung der naturwissenschaftlichen Methode auf die Geschichtswissenschaft gewehrt und darauf hingewiesen, daß sich beide Wissenschaften wie Freiheit und Notwendigkeit gegenüberständen. Lamprecht hatte darauf geantwortet, die Geschichtswissenschaft habe nicht nötig, sich mit diesem schwierigsten Zwiespalt in der menschlichen Erkenntnis zu beschäftigen, sie solle vielmehr mit der Freiheit des Einzelnen und der Notwendigkeit des Zuständlichen rechnen. Eine Verschiedenheit werde sich in dieser Richtung durch den Stoff ergeben, mit dem sich der Historiker beschäftigt. Der Historiker des Alterthums wird durch die Menge nicht hervortretender Persönlichkeiten, mit denen er es in den Inschriften und Papyrusfunden zu thun hat, mehr zu einer sozialen Anschauung geführt, während der neuzeitliche Geschichtschreiber mehr zu einer individualistischen Anschauung gelangen wird. Redner stellt sich auf den Standpunkt, daß der Unterschied zwischen beiden Auffassungen in der Weltanschauung gelegen sei, und untersucht, ob überhaupt die Weltanschauung des Geschichtsdarstellenden mit seiner Darstellung irgendwie im Zusammenhang stehe, wie Meinecke behauptet hat. Referent geht von dem Gedanken aus, daß der Geschichtschreiber objektiv in dem Sinne nicht sein kann, in welchem mit „objektiv" gewöhnlich der Gegensatz zu „subjektiv" verbunden, das heißt, verlangt wird, daß man sich wie ein zweiter Münchhausen beim eigenen Haupthaar vom Boden persönlicher und zeitgeschichtlicher Betrachtung emporheben solle. Die Geschichtschreibung muß zwar sine ira et studio verfahren, ohne Haß und Eifer im Sinne der Parteien, nec spe nec metu, ohne Furcht nach oben, ohne Hoffnung nach unten, allein subjektiv muß sie sein; denn aus dem lebendigen Leben der Gegenwart, das sie mitlebt, empfängt sie die Kraft, Ringen und Streben in Staat und Gesellschaft der Vergangenheit darzustellen.

Redner weist den Zusammenhang geisteswissenschaftlicher Strömungen mit äußeren politischen Ereignissen nach, indem er die politische Lage beleuchtet, aus der Macchiavellis Discorsi, Bolingbrokes Untersuchungen über römische Staatsverfassung und die römischen Studien von Beaufort und Montesquieu hervorgingen. Den innigen Zusammenhang zwischen Weltanschauung und Geschichtsdarstellung beweist Redner durch die Darstellung der Staatsauffassung, wie sie in der Weltanschauung des Individualismus und der entsprechenden Geschichtschreibung geherrscht hat. Die erstere wird am Beispiel der Hugo Grotius, Spinoza, Thomas Hobbes, Locke, Adam Smith, Mirabeau und Wilhelm v. Humboldt in seiner Jugendzeit aufgezeigt; in dem Geschichtschreiber Griechenlands, George Grote, wirkt diese individualistische Auffassung auf die Darstellung der athenischen Zustände des 4. Jahrhunderts entscheidend ein.

Der individualistischen Weltanschauung stellte Fichte in der nationalen Not der Befreiungskriege die höhere Einheit der Nation gegenüber, das Leben der Gattung trat in den Vordergrund, und so ward das soziale Prinzip in bedeutsamer Weise

anerkannt. Redner charakterisiert nun Ranke als beeinflußt durch Fichte in seiner Auffassung der Nation als eines Ganzen, welches lebendigen Geist besitze, und zeigt, wie Ranke im Gegensatz der Nationen deren geschichtliches Leben findet und darstellt. In jener Friedens=
periode, welche Ranke selbst die halkyonische Zeit der Meeresstille nennt, trat aber dem Geschichtschreiber weniger entgegen das Volk, „das minder sichtbar die Tiefe der Bühne füllt". Hier wird die Geschichtschreibung der Zukunft einsetzen, um jene Fülle von Gesell=
schaftskreisen zu beleuchten, welche sich um geistige und wirtschaftliche Mittelpunkte gebildet haben. Die noch umfassender begründete Auf=
fassung des Staates und der Gesellschaft im Sozialprinzip stammt dann von den Gebrüdern Grimm, den sozialen Systemen eines List und Rodbertus, der germanistischen Rechtsschule, der historisch ethischen Schule der Volkswirtschaftslehre, den allgemeinen, ethisch gefärbten Ausführungen Carlyles und der national=religiös ge=
färbten Auffassung von de Lagarde.

Redner führt aus, wie in dieser Weltanschauung Lamprecht und andere, durch Wundt beeinflußt, zu einer genaueren Auffassung der sozial=psychischen Faktoren gekommen sind, wobei er allerdings vor einer zu raschen Schematisierung eines psychischen Gesammt=
bewußtseins warnt. In großen Zügen wird die Wechselwirkung sozial=
psychischer Faktoren, natürlicher Faktoren und individueller Faktoren in der Geschichtsentwicklung beleuchtet und gleichzeitig die Befürchtung abgewiesen, daß bei einer derartigen Auffassung eine zu starke Be=
tonung ökonomischer Motive in den Vordergrund treten könnte; ist es doch Thatsache, daß gerade von Seiten der Wirtschaftsgeschichte wiederholt erwiesen ward, wie abwechselnd mit rein ökonomischen Ursachen ethische in die Wirtschaftsgeschichte eingreifen.

Indem die geschichtliche Entwicklung als innerhalb der Nationen vor sich gehend gekennzeichnet wird, wird durch das Beispiel der Griechen erwiesen, welche Aufgaben bei einer derartigen Auffassung dem Historiker des Alterthums erwachsen. Eine genaue Forschung wird die Differenzierung griechischer Kultur bei den verschiedenen, von den Griechen beeinflußten Völkern nachzuweisen haben und umgekehrt die Beeinflußung der Griechen durch die mit ihnen zu=
sammenlebenden Völker.

Meinecke hat gesagt, unser jetziges Historikergeschlecht spalte sich in zwei Richtungen, die eine, welche zu Ranke zurücklenkt, im Reichthum der Jahrhunderte schwelgt, aber die Geschichte wie ein ästhetisches Schauspiel betrachtet und somit in der Gefahr innerer Erschlaffung stehe, und in eine stark positivistisch denkende, die sich des Zusammenhanges mit den sozialen Fragen des Tages rühmt, aber zu harmonischer Erfassung historischen Lebens noch nicht ge=
kommen sei und wohl auch bei der Einseitigkeit ihrer Voraussetzungen nicht kommen wird. Diese Befürchtung geht daraus hervor, daß das

Staats- und Gesellschaftsideal der sozialen Richtung allzu mechanisch ist und der Freiheit der Persönlichkeit entbehrt. Redner weist darauf hin, daß eine neue Wirtschaftsordnung allerdings kein Lebensideal sei; aber den Staat so zu erfassen, wie es die soziale Weltanschauung thut, heißt nicht, den Weltprozeß mechanisieren, heißt nicht, den Staat atomisieren; es ist die königliche Kunst Platons, die das Ineinanderweben aller Schichten zustande bringen soll, was sich in der sozialen Staats- und Gesellschaftsordnung ausprägt, welche die höheren Klassen mit dem Gemeingefühl der unteren Klassen verbindet. Die Härten der sozialen Differenzierung zu mildern, den Auftrieb von unten nicht zu hindern und die notwendigen Ersatzkräfte der unteren Klassen zu bewahren: das ist in der That nicht bloß eine neue Wirtschaftsordnung, sondern ein Staatsideal, welches uns die Begeisterung geben kann, die Geschichte mit Berücksichtigung dieser sozialen Faktoren darzustellen, und diese Begeisterung ist nötig. Denn „nur aus ihr strömt die Wärme des Herzens, welche die höchste Aufgabe der Geschichte erfüllen kann: die wahrhaft künstlerische Belebung der wissenschaftlich erforschten Vergangenheit!"

Es folgt die Debatte über Prof. v. Scalas Referat.

Prof. Gothein (Bonn) äußert sich dahin, daß der Historiker subjektiv verfahren müsse. Subjektives Verfahren aber und künstlerische Thätigkeit fielen zusammen. „Ich glaube", fährt Redner fort, „daß der Historiker in erster Linie Künstler ist vom Anfang bis zum Ende, wodurch eben die Schwierigkeit entsteht, den Prozeß historischen Gestaltens auf allgemein wissenschaftliche Grundsätze zurückzuführen. Der Historiker lebt ganz in der Anschauung; nur in dieser können wir das Vergangene erfassen und ein Bild gestalten, in dem die einzelnen Momente für uns lebensvoll werden, sich zusammenschließen und verkörpert vor uns stehen. Selbst die kleinsten Hilfsarbeiten können nur so vollbracht werden, daß uns der Gegenstand zum Anschauungsbild wird, und alle Geschichtschreibung ist schließlich nur Wiedergabe derartig gefundener Bilder. Daraus erhellt, daß eine unendliche Mannigfaltigkeit der Geschichtschreibung notwendig gegeben ist, da den einzelnen Menschen Mit- und Vorwelt in verschiedener Weise erscheinen. Eben deshalb aber liegt eine große Gefahr darin, die Geschichtschreibung auf allgemeine Begriffe zurückführen zu wollen. Allerdings wird es sich immer darum handeln, in welche Beziehung das Einzelne und das Allgemeine mit einander gebracht werden, doch ist es uns schlechterdings ganz unmöglich, in diesen complizierten Prozeß, wo der Einzelne vom Allgemeinen bestimmt wird, wo er seinen Anteil zum allgemeinen gibt, einzudringen. Aber das eine kann man verlangen, daß er seine Aufgabe so weit und hoch als möglich faßt, daß er alle Momente, die in den einzelnen Epochen mitspielen, zusammenhält.

Mit Recht darf daher gegen die älteren Historiker — mit Ausnahme Rankes — der Vorwurf erhoben werden, sie hätten nur Ausschnitte gebracht; wenn aber auch bei Ranke selbst die wirtschaftlichen und juristischen Voraussetzungen noch zu wenig zur Geltung kommen, so besteht unsere Arbeit nicht darin, uns gegen Ranke zu stellen, sondern den Kreis seiner Auffassung etwas zu erweitern, wie auch Ritter betont hat.

Die Art und Weise, wie sich Lamprecht in jüngster Zeit gegen Ranke ausspricht, erscheint mir darum unbillig. Ranke gebührt doch das Verdienst, die Geschichte auf Ideen zurückgeführt zu haben. Wenn nun Lamprecht dies einen Rest von Mystik nennt, so scheint mir der Begriff der Gesammtpersönlichkeit viel mehr von Mystik an sich zu haben, als jene Weise Rankes, den Gang der Weltgeschichte aufzulösen in Zeitperioden, jede dieser auf beherrschende Ideen zurückzuführen, und nun die Entwicklung dieser Ideen zu geben. Nicht alle Ideen hat Ranke verfolgt und hat er verfolgen wollen, aber gerade, daß er sich der Aufgabe unterzogen, ist der unverlierbare Gewinn aus seiner Geschichtschreibung. Prof. v. Scala hat allerdings hervorgehoben, daß die Wirtschaft in ihrer Entwicklung durch ethische und psychologische Momente bedingt werde. Aber bei den spezifischen Wirtschaftshistorikern tritt dieser Gedanke oft zurück, und wir haben in neuester Zeit — allerdings von juristischer Seite — Werke erlebt, in welchen das Rechtsleben nur als ein Sekretionsprozeß wirtschaftlicher Vorgänge erscheint, eine Auffassung, der Lamprecht ziemlich nahe kommt. Ich glaube, daß gerade die Nationalökonomen in dieser Beziehung den Dingen objectiver gegenüber stehen; mir wenigstens drängt sich immer mehr die Ueberzeugung auf, daß die wirtschaftlichen Verhältnisse doch nur **Rohmaterial sind, in dem die Ideen der Geschichte geformt werden, und daß in den Ideen allein der Gewinn der Geschichte und daher in ihrer Darstellung der Wert der Geschichtschreibung beruht.** Das Schwergewicht der wirtschaftlichen Mächte wird niemand von uns verkennen, die logische Notwendigkeit, mit der sie sich entwickeln. — Aber trotzdem: immer ist es der Geist, der sich den Körper baut!"

Prof. Schmoller (Berlin) erklärt sich mit v. Scalas Ausführungen einverstanden, doch wolle er seine Stellung, die einerseits von Lamprecht, anderseits von den sogenannten "Jungrankeanern" abweiche, näher kennzeichnen. Schon bei anderen Gelegenheiten habe er zu präzisieren gesucht, welche Rolle methodologisch die Weltanschauung in den Geisteswissenschaften spiele. Er schließe sich vor allem Kant und Lotze an. Lamprecht überschätze die Empirie, deren Mittel weder in der Geschichte noch selbst in den Naturwissenschaften ausreichen, um zu den letzten Resultaten des Erkennens zu führen.

Kant habe in seiner "Kritik der Urteilskraft" dargethan, wie unser empirisches Wissen immer unzureichend sei, wie aber der Mensch ein absolutes Bedürfnis habe, zu einer einheitlichen Ueberzeugung über das Ganze der Welt und des geschichtlichen Zusammenhangs zu kommen, wie der menschliche Verstand immer von gewissen empirischen Grundlagen zu einer solchen Einheit kommen müßte, immer mit der Tendenz, von einem einheitlichen Punkt aus das Ganze zu begreifen. „Nur wer zu einer solchen Weltanschauung vorgedrungen ist, ist fähig, die empirischen Einzelheiten richtig zu verwerten. Jede Zeit und jedes bedeutende Individuum hat eine eigentümliche Weltanschauung. Und so stellt sich uns dann auch die Geschichte der Personen und Ideen dar als eine Summe von zusammenhängenden Entwicklungsprozessen und eine Reihe von Weltanschauungen, an deren Endpunkt der Einzelne mit seiner Weltanschauung steht.

Auch an Lamprecht schätzt Redner namentlich das eine, daß er im Prozeß der modernen Weltanschauung eine bestimmte notwendig mit unserer Entwicklung gegebene Stellung mit einer gewissen Kühnheit und Uebertreibung personifiziere. Aber während er meine, über den Parteien zu stehen, sei er nur Diener seiner positivistisch und stark wirtschaftlich gefärbten Weltanschauung.

Auch einzelne Nationalökonomen überschätzten die Empirie. Gewiß solle die empirische Forschung gehen so weit als möglich, aber das Zusammenfassende in der Wissenschaft folge immer wieder aus der Weltanschauung. Alle großen Historiker — Ranke und seine Nachfolger — trügen ihr spezifisches Gepräge durch ihre individuelle Weltanschauung. Indem v. Scala dies anerkannte, habe er sich auch in Gegensatz zu Lamprecht gestellt.

Wenn die „Jungrankeaner" diesen Fragen ausweichen und einfach bei Ranke und seinem Idealismus stehen bleiben wollen, so sei dies eine Negation der Entwicklung überhaupt. Betreffs der neueren Richtungen in der Geschichte müsse Redner auf seine Rede „über Sybel und Treitschke" verweisen. Es sei einseitig, aber natürlich, daß eine ähnliche Rolle, wie bei Ranke die politischen und religiösen, wie bei Treitschke die Verfassungsfragen in der Gegenwart die wirtschaftlichen Fragen spielten.

Die stärkere Betonung dieses bisher vernachlässigten Faktors, der Versuch, nach einer gewissen Seite hin realistischer zu verfahren, schließe nicht aus, daß die neue Richtung hohe Ideale habe. „Die Stärke der sozialpolitischen Reformpartei in Deutschland beruht auf einer großen idealen Weltanschauung; und dies ist die Fahne, unter der sie siegen wird praktisch im Leben und in unserer Wissenschaft durch Verjüngung und Veredelung!"

Privatdozent Hartmann (Wien) wirft den Vorrednern vor, sie hätten Begriffe in die Geschichtswissenschaft hineingetragen, die ihr von vornherein gar nicht zukämen. v. Scala z. B. habe behauptet, daß der Gesammtwille notwendig mehr sei als die Summe der Einzelwillen. Dies widerspreche der Regeldetri; man könne sich die von den Einzelwillen losgelöste Einheit höherer Art nicht vorstellen. Mehr oder minder einander widerstrebende Kräfte könnten gar wohl eine Resultierende geben, die etwas anderes sei, als die Summe der Kräfte selbst; daß aber diese Resultierende dazukomme, sei nicht denkbar.

Gothein habe mit dem Postulat der „Ideen", Schmoller mit jenem der „Weltanschauung" operiert: beides Hypostasen, die einem Naturforscher nicht behagen würden.

Es sei unwissenschaftlich, sich eine Weltanschauung — man wisse nicht, woher — anzueignen und nun den Versuch zu machen, die Geschichte zu bemeistern. Es liege uns als Historikern viel näher und sei richtiger, uns umgekehrt aus den Dingen der Geschichte induktiv-empirisch einer Weltanschauung zu nähern und so zu erkennen, welches der Zug der Zeit und der Entwicklung ist.

Prof. Stieve (München) erinnert daran, daß die Frage nach der Stellung der Geschichte unter den Wissenschaften schon wiederholt auf den Historiker-Tagen zur Sprache kam. Brückner habe bei einer solchen Gelegenheit die Frage aufgeworfen: „Was ist eigentlich Geschichte?" Sie sei bisher unbeantwortet geblieben. Hartmanns Aeußerungen hatten sie nun wieder in den Vordergrund gestellt, indem er hervorhob, es sei unwissenschaftlich, für die Geschichte ein anderes als das empirische Verfahren einzuschlagen. Haben wir denn überhaupt ein Recht — entgegnet Stieve — die Geschichte im Sinne der exakten Wissenschaften eine Wissenschaft zu nennen? Sie ist vielmehr, wie Gothein sagte, eine Kunst. Eine rein wissenschaftliche Grundlage ist notwendig; aber die eigentliche Arbeit des Historikers beginnt da, wo er aus dieser Grundlage aufbaut, und da muß er ganz Künstler sein. Es gilt, sich hineinzudenken in die vergangenen Zeiten und Persönlichkeiten und daraus ein Bild zu schaffen.

Ein seelisches Bild aber kann allerdings den Anforderungen einer exakten Wissenschaft niemals entsprechen, daher die vielen historischen Streitfragen. Hier gibt es keine mathematische Wahrheit; wir können die Dinge nur so darstellen, wie wir sie sehen, und sind daher immer von der eigenen Individualität abhängig. Insofern ist für jeden Historiker, der nicht nur Einzelheiten untersuchen will, eine bestimmte Weltanschauung der unentbehrliche Ausgangspunkt. Wenn wir auch nicht einmal über den Wert der Dinge urteilen, sondern nur über den Zusammenhang der Ereignisse ein Bild gewinnen wollen, so ist dies von unseren eigenen Anschauungen abhängig. Wer nicht selbst die Kämpfe eines skrupulösen oder überschwänglich frommen Gemüthes durchgemacht hat, wird nur sehr schwer sich in solche Vorgänge hineinleben können, wenn er nicht die größte künstlerische Begabung besitzt.

Immer ist die eigene Individualität entscheidend für die Ausgestaltung. Und wenn wir heute uneins sind, so liegt der Grund nur darin, daß die jüngere Richtung mit einer neuen Weltanschauung die Dinge anders sieht, als die ältere. Eine Einigung wird sich kaum erzielen lassen.

Redner hebt hervor, daß die Eigenart historischer Individualitäten stärker betont werden müsse, als es bei Ranke geschieht, der bei dem Lichtglanz der großen wirkenden Ideen einen Mangel an Verständnis für die entscheidende Kraft oder Schwäche der einzelnen Persönlichkeit fühlen lasse. Allerdings könne man mitunter auch zu einem Verständnis der großen Bewegungen kommen, ohne bis zur Kenntnis der Individuen vorzudringen. Aber die Bedeutung und den Wert der Persönlichkeiten könnten wir nie ganz würdigen, ohne uns in ihre eigenartigen Individualitäten hineinzuleben. In dieser Beziehung sei Gotheins „Ignatius" eine Verheißung für die Zukunft.

Wenn auf Historiker-Tagen ferner diese Frage zur Sprache käme, werde man immer dazu gelangen, neben den materiellen und idealen Kräften auch die entscheidende Bedeutung der Persönlichkeit anzuerkennen.

Prof. Schmoller (Berlin) hält Hartmann entgegen, daß in der Massenpsychologie nicht immer $1 + 1 = 2$, sondern manchmal gleich 3 sei, und empfiehlt das Studium Herbarts. Auch bei den großen naturwissenschaftlichen Problemen handle es sich nicht blos um empirische Forschung, sondern um große teleologische Konstruktionen. Redner anerkennt den Unterschied zwischen gesicherter empirischer Wissenschaft, wo man zu unanfechtbaren Resultaten kommt, und jenen Versuchen der Zusammenfassung, die immer streitig bleiben müssen. Er gibt zu, daß es zwei verschiedene Methoden sind, aber immer werde man die heuristischen Versuche der zusammenfassenden Betrachtung nötig haben. „Der Gegensatz ist nicht ‚wissenschaftlich' und ‚unwissenschaftlich', sondern, daß wir wohl erkennen, was nicht gesichert, was nur Glaube, Ahnung, Hypothese und Konstruktion ist, Hartmann dagegen die Grenzen des empirischen Wissens verkennt."

Prof. Michael (Freiburg i. B.) stimmt Gotheins Ausführungen zu, doch müsse er Geschichte in erster Linie eine Wissenschaft nennen. Die Kunst sei dem Historiker zwar unentbehrlich; es wäre wünschenswert, daß jeder Historiker ein Künstler sei, aber die Fähigkeit, künstlerisch zu arbeiten, mache den Historiker nicht aus. Bei manchen allgemein geschätzten historischen Werken könne von Kunst keine Rede sein.

Die Geschichte soll das Thatsächliche darstellen, das Leben der Menschen schildern bis zu dem Punkte, wo sie heute stehen. Die volle objektive Wahrheit zu erkennen, ist jedenfalls sehr schwierig; aber wenn wir auch wissen, daß in allen unseren Versuchen viel Subjektives steckt, dürfen wir doch nicht auf das letzte Ziel verzichten. Wir dürfen uns nicht damit bescheiden, die Thatsachen so wiederzugeben, wie wir sie vermöge unserer Weltanschauung sehen: wir dürfen nicht die Subjektivität auf unsere Fahne schreiben. Es handelt sich in unserer Wissenschaft um die Feststellung und Erforschung von Thatsachen, die doch zuletzt unabhängig sind von unserer subjektiven Auffassung. Sie können von einem Geschlecht anders angesehen werden, als von einem anderen, aber das eine wie das andere ist imstande, sie zu erkennen. Denken wir an Rankes Wort: „Die Wahrheit kann nur eine sein!"

Privatdozent Hartmann (Wien) spricht den Wunsch aus, man möge das Gebiet des Glaubens (das sei nach Schmollers Zugeständnis eben alles, was nicht empirisch ist) streng scheiden von jenem der wahren Wissenschaft — auch in der Darstellung.

Prof. v. Scala (Innsbruck) dankt für die anregenden Erörterungen und entgegnet auf Hartmanns Bemerkungen. Schon Windelband hätte unterschieden zwischen universalen, nomothetischen Wissenschaften, die das Allgemeine, und zwischen idiographischen, die das Einzelne darzustellen haben. Es sei der alte Zwiespalt, der schon Aristoteles bewogen habe, die Dichtung höher zu stellen und philosophischer zu nennen, als die Geschichte. Diese spräche vom einzelnen, jene von der Gesammtheit. Doch könne uns diese Einsicht nicht abhalten, das Einzelne zu erforschen. Eine billige Art wäre es, darauf hinzuweisen, wie Uebertragungen der naturwissenschaftlichen Methode auf die Geschichte ausgefallen sind. Ottokar Lorenz habe das auseinandergesetzt.

Schluß der Sitzung: 1 Uhr.

Sonnabend, abends 7 Uhr:

Vortrag des Herrn Prof. Knapp (Straßburg) „Ueber die Grundherrschaft im Nordwesten Deutschlands," welcher gedruckt erscheint in der Sybel'schen „Historischen Zeitschrift", 78. Bd., 1. Heft (1896), S. 39—59.

4. Sitzung.

Montag den 14. September, Vormittag 9 Uhr.

Der Vorsitzende, Prof. v. Zwiedineck-Südenhorst, verliest Begrüßungs-Telegramme von: Prof. v. Krones-Marchland (Graz), Hofrat Kaltenegger aus Brixen und dem Vizepräsidenten des Abgeordnetenhauses, Dr. Kathrein, Bürgermeister von Hall.

Hierauf erstattet Herr Prof. Heigel (München) sein Referat über die Frage: „Welche geschichtlichen Aufgaben verdienen von Akademien gemeinsam gefördert zu werden?"

„Diese Frage Ihnen, verehrte Herren Kollegen, vorzulegen, wurde ich angeregt durch das Zustandekommen einer Vereinigung der Akademien von Wien, München, Leipzig und Göttingen — mit gewisser Einschränkung auch Berlin — behufs gemeinsamer Förderung großer wissenschaftlicher Unternehmungen.

Während — entsprechend den in Leipzig von den Vertretern der genannten Institute gefaßten Beschlüssen — zur Unterstützung einerseits von sprachwissenschaftlichen, andererseits von naturwissenschaftlichen Unternehmungen beträchtliche Summen zur Verfügung gestellt wurden, sah man von geschichtlichen Aufgaben gänzlich ab, weil dafür ohnehin schon von der Zentralleitung der Monumenta Germaniæ, sowie von verschiedenen historischen Kommissionen Sorge getragen werde.

Die Begründung dieser Ablehnung will mir nun nicht ausreichend erscheinen.

Allerdings wird durch diese historischen Kommissionen die Lösung wichtiger Aufgaben angestrebt; es sei, abgesehen von dem großartigsten nationalen Quellenwerk, nur an die Reichstagsakten, die Hansarezesse, die Geschichte der Wissenschaften, die allgemeine deutsche Biographie und andere Werke von monumentalem Charakter erinnert, und auch die Editionen der preußischen Archiv-Verwaltung, des preußischen Generalstabes, des österreichischen Kriegsarchivs und ähnliche Bestrebungen sind dankbar zu begrüßen.

Allein für die meisten von diesen Instituten sind immerhin gewisse räumliche Schranken gezogen und die Mittel der Münchener Kommission sind durch die gegenwärtig in Betrieb gesetzten Arbeiten auf Jahre hinaus in Anspruch genommen.

Deshalb kann ich die Frage, ob von den gemeinsamen Unternehmungen der deutschen Akademien die Geschichte von vorneherein ausgeschlossen bleiben soll, nicht in zustimmender Weise beantworten.

Der Verband deutscher Historiker, der sich den Wahlspruch: „Nur für uns, nur durch uns!" erkoren hat, verfügt nicht über Mittel, um große praktische Unternehmungen selbst ins Leben zu rufen, aber es scheint mir recht eigentlich Aufgabe und Pflicht unserer Versammlungen zu sein, die Förderung großer, das Vermögen und die Kraft des Einzelnen übersteigender Arbeiten anzuregen, zu erörtern und zu empfehlen.

Es ist nun durchaus nicht meine Absicht, Ihnen für solche Pläne ein fertiges Programm vorzulegen. Ich will nur den Anstoß geben, daß aus der Mitte der Versammlung selbst geeignete Vorschläge zur Diskussion gebracht werden, und nur weil ich schon einmal das Wort habe, erlaube ich mir als erster ein paar Anregungen zu geben.

Ich erinnere zunächst an Beschlüsse, welche von der ebenso in der Geschichte der politischen Entwicklung Deutschlands, wie in der Geschichte des deutschen Rechts und des deutschen Unterrichtswesens epochemachenden Germanistenversammlung zu Frankfurt von 1846 gefaßt worden sind. Wie der Zufall es will, können wir gerade in diesen Tagen die 50jährige Jubelfeier jenes nationalen Festes dankbar begehen.

In jener denkwürdigen Versammlung wurden nicht wenige Keime in den deutschen Boden versenkt, die sich seitdem fruchtbringend für die Wissenschaft und das Vaterland fortentwickelt haben. Damals wurde ja von Jaupp der langgehegte Wunsch, daß Deutschland ein gemeinsames bürgerliches Gesetzbuch erhalten möge, zum erstenmal öffentlich ausgesprochen; damals wurde von Wilhelm Grimm der Plan zum großen deutschen Wörterbuch vorgelegt; damals wurde von Pertz, Waitz, Lappenberg und anderen eine Reihe historischer Aufgaben in Vorschlag gebracht und von der historischen Sektion der Versammlung als Ziel gemeinsamer Thätigkeit in Aussicht genommen. Von Pertz wurde die Herausgabe der Verhandlungen der deutschen Reichstage seit dem 14. Jahrhundert empfohlen. Freilich sollte nicht der in Frankreich gestiftete Verein deutscher Geschichtsforscher diese Aufgabe lösen; die politischen Stürme, die bald darauf über Deutschland hereinbrachen, ließen den Verband überhaupt nicht zu praktischer Thätigkeit gelangen. Pertz hat deshalb später bei Gründung der Münchener historischen Kommission seinen Antrag wiederholt, und namentlich dem rastlosen Weizsäcker ist es zu danken, daß das Unternehmen feste Wurzel faßte, daß heute wenigstens die Reichstagsakten aus den Zeiten von drei deutschen Königen in Druck vorliegen.

Als zweite Aufgabe acceptierte die Frankfurter Versammlung die von Lappenberg vorgeschlagene Herausgabe der deutschen Nekrologien; sie wurde später von der Leitung der Monumenta Germaniæ adoptiert; zwei Bände sind bereits in Druck erschienen.

Dagegen blieb bisher unbeachtet der dritte, ebenfalls von Lappenberg herrührende, von Landau in genauerer Fassung gebrachte Antrag auf Herstellung eines historischen Ortsverzeichnisses von Deutschland. Dieses auf steinigen Boden gefallene Samenkorn möchte ich in fruchtbare Scholle versetzen, indem ich die Anregung Lappenbergs in dieser Versammlung wiederhole.

Auch heute noch besitzen wir kein den Forderungen der Wissenschaft entsprechendes Ortsverzeichnis, obwohl ein solches für Spezialgeschichte, für Statistik, für Sprachstudien von Wichtigkeit wäre. Lappenberg hielt die einfachste Anordnung, die alphabetische, für die angemessenste, Landau sprach aber — und, wie mir scheint, mit Recht — die Befürchtung aus, man werde sich auf solche Weise in ein Wirrsal von Namen verlieren; das, was historisch zusammen gehöre, müsse auch zusammen bleiben, deshalb sei das Beste, die Eintheilung nach Gauen zugrunde zu legen.

Nach Gauen geordnet, sollen von allen Städten, Burgen, Klöstern, Dörfern, einschließlich der heute nicht mehr vorhandenen Malstätten, Bergen, Wäldern, Quellen, Flüssen, Seen, Inseln, Mooren u. s. w. die ältesten, urkundlich aufzufindenden und alle wesentlich davon abweichenden Namensformen etwa bis zum Jahre 1500 aufgeführt werden. Desgleichen sollen die historischen Altertümer, Rolands=säulen, Rathäuser, Wehrtürme, Grabmäler u. s. f. berücksichtigt werden, ferner bei den Dörfern die Errichtung der Pfarrei, bei den Städten die Erteilung des Stadtrechts u. s. w. Auch die Namen berühmter Familien, die den einzelnen Orten entstammen, sollen Aufnahme finden; dabei soll aber alles vermieden werden, was nicht mit den territorialen Verhältnissen in Zusammenhang steht. Die eigentliche Geschichte der Oertlichkeiten soll der Spezial=geschichte überlassen bleiben. Auch soll zwar immer versucht werden, die älteste Schreibart der Ortsnamen zu ermitteln, doch von etymo=logischen Deutungen Umgang genommen werden, um die Ver=irrung auf phantastische Abwege zu verhüten.

Dies die allgemeinen Umrisse des Lappenberg'schen Antrages. Um die Ausführung vorzubereiten, wurde ein Aufruf an die histo=rischen Vereine erlassen, doch nach der Auflösung des Allgemeinen Geschichtsvereines schlief das Unternehmen ein.

Nach meinem Dafürhalten dürfte es sich wohl verlohnen, den Plan wieder aufzugreifen. Für manche Länder und Distrikte sind ja inzwischen brauchbare Arbeiten erschienen, für andere aber fehlt es noch daran, oder das vorhandene entspricht nicht den modernen Anforderungen. Jedenfalls würde durch ein auf alle deutschen Lande sich erstreckendes, alle jene Einzelleistungen zusammenfassendes und ergänzendes Werk einem wirklichen Bedürfnisse abgeholfen werden. —

Für ebenso beachtenswert halte ich einen ebenfalls von Lappen=berg in Frankfurt aufs Tapet gebrachten Vorschlag, der aber nicht von der Gesammtversammlung angenommen wurde. Lappenberg forderte systematische Forschung über die Kolonisation der Deutschen. Vor allem sollte einmal die Kolonisierung slavischer Lande durch Deutsche und deutscher Gebiete durch Slaven möglichst gründlich erforscht werden. Es handelt sich ja um eines der wichtigsten Blätter der deutschen Geschichte. Wir haben seit jenen Tagen, da das Oberhaupt des Deutschen Reichs drei Königskronen und eine Kaiserkrone trug, im Westen und im Süden eine Provinz nach der anderen verloren, wir haben aber dafür Ersatz im Norden und Osten gefunden. Wohl 16 Millionen Deutsche wohnen auf ehedem slavischem oder — richtiger gesagt! — von Slaven besetzt gewesenem Boden. Wie es möglich war, daß in verhältnismäßig kurzer Zeit so weite Gebiete wieder in deutschen Besitz übergiengen, dieser wichtigen Frage ist noch immer nicht die gebührende Beachtung gewidmet worden. Es wäre deshalb einmal alles Quellenmaterial, Berichte von Geschichtsschreibern und Reisenden, Urkunden, Gesetze, Dichtungen ꝛc. zusammenzutragen, um zur Beantwortung jener Frage möglichst festen, historischen Boden zu schaffen. Es sei nur erinnert an die vielen einschlägigen Stellen bei Helmold, Arnold von Lübeck und anderen — bellum perutile, sagt einmal Helmold, weil alle Slaven todtgeschlagen worden waren —, an jene Urkunde Albrecht des Bären, aus der hervorgeht, wie der zielbewußte Kolonisator in einem Dorfe alle Slaven zur Auflassung ihres Besitzes drängte und deutsche Acker= bauer an ihre Stelle berief, an die schlesischen Verordnungen aus dem 15. Jahrhundert über den Gebrauch der deutschen Sprache, an die Briefe mecklenburgischer Fürsten an deutsche Priester und Gelehrte über die im pekuniären Interesse des slavischen Fürsten= hauses angestrebte Germanisierung des Landes u. s. w.

In gleicher Weise wäre auch die Auswanderung von Deutschen nach fremden Weltteilen zu berücksichtigen. Genaue Erforschung und lichtvolle Darstellung der Schicksale der deutschen Kolonisten im Ausland wären ja zugleich ein nicht zu unterschätzendes Mittel zur Erhaltung des Deutschtums in fernen Zonen, wie ja auch die englischen Kolonien nicht bloß durch englische Panzerschiffe und Kanonen, sondern durch geistige Mittel und Kräfte, durch gemeinsame Sprache, gleiche Rechtsbegriffe und den wohlbegründeten Stolz auf die Nationalität dem Mutterlande erhalten werden. Durch ein planmäßig von den berufensten Forschern aufzurichtendes monumentales Werk über die deutsche Auswanderung würde die weltgeschichtliche Bedeutung des deutschen Geistes erst ins rechte Licht gesetzt werden.

Ob nicht zu gleichem Zwecke auch eine erschöpfende Sammlung aller älteren Reisewerke, insoweit sie sich auf Deutsch= land und Deutsche beziehen, als nützliche Aufgabe zu empfehlen wäre? Ich will die Frage nur gestreift haben. —

Als ein weiteres, ohne Teilung der Arbeit und ohne Förderung durch große leistungsfähige Institute kaum durchzuführendes Unter= nehmen möchte ich eine Sammlung der auf die Beziehungen Deutschlands zum Morgenlande bezüglichen orientali= schen Quellen bezeichnen. Ich bin nicht sachkundig auf diesem Gebiete, kann also nur das Bedürfnis andeuten, nicht ein Programm entwickeln. In erster Reihe würden arabische Quellen in Betracht kommen. Freilich sind Abulfeda, Ibn=al=Atkir und andere für die Geschichte der Kreuzzüge wichtige Quellen schon im Récueil des Historiens des Croisades zu finden, und andere arabische Chronisten sind durch Sonderausgaben bekannt geworden. Immerhin würde aber eine Nachlese, wie mir Bibliothekar Aumer, eine Autorität auf diesem Gebiet, versichert hat, sich lohnend erweisen; so befindet sich z. B. in der Leydener Bibliothek eine noch unbenützte handschriftliche Geschichte der Seldschukken, mit denen ja bekanntermaßen die Deutschen auch in unliebsame Berührung gekommen sind. Vielleicht noch dankenswerter wäre es, die türkischen Quellen der Benützung durch die deutschen Forscher zugänglich zu machen. Nicht bloß müßte das für die Geschichte der Türkenkriege Wichtige aus den schon gedruckten türkischen Chroniken und Berichten gesammelt und übersetzt, sondern es müßte auch einmal planmäßig in Bibliotheken und Archiven nach neuem Material gesucht werden.

Auch die handschriftliche und gedruckte Geschichtslitteratur der Armenier und anderer orientalischer Völker wäre nach der gleichen Richtung zu durchforschen. —

Noch einen anderen Plan möchte ich berühren. Die Herausgabe der Reichstagsakten ist in guten Händen, sollte aber nicht einmal auch für die Kreistagsakten etwas geschehen? Die vor 150 Jahren von Karl Friedrich Moser besorgte Sammlung von Kreisabschieden aus dem 16. Jahrhundert ist nur ein Torso von zweifelhaftem Wert; seither ist überhaupt nichts Aehnliches mehr erschienen. Und doch bieten die Kreistage in manchen Zeiträumen nichts weniger als untergeordnetes Interesse; die Rezesse der Kreiskonvente bieten ja nicht selten die Schlüssel zu den Beschlüssen der Reichstage und sind für Reichskriegswesen, Steuer-, Münz-, Zoll- und Polizeisachen, für Streitigkeiten der Stände unter einander 2c. als reichhaltigste Quellen anzusehen. —

Auch eine umfassende Publikation über den westfälischen Frieden wird sich, wenn einmal die genauere Erforschung der geschichtlichen Einzelheiten weiter heraufgedrungen sein wird, als Bedürfnis herausstellen. Meiern hat nur mit unzulänglichem Material gearbeitet, und alle übrigen Ausgaben von Protokollen und Korrespondenzen sind durch Parteirücksichten beeinflußt und beeinträchtigt. —

Vor allen anderen Aufgaben aber möchte ich eine als die dringlichste bezeichnen, deren Lösung und zwar möglichst rasche Lösung als ernste Pflicht der deutschen Akademien erscheint.

Es ist nicht dankbar genug anzuerkennen, daß das Vatikanische Archiv in liberalster Weise der Forschung geöffnet worden ist. Preußen und Oesterreich, Bayern und Baden und andere Staaten haben denn auch von der großmütigen Erlaubnis Gebrauch gemacht und das römische Archiv für die Reichsgeschichte, sowie für Geschichte der einzelnen Territorien und Dynastien ausbeuten lassen; es sei nur erinnert an die vom preußischen Institut in Rom herausgegebenen Nuntiaturberichte von 1533 bis 1559, an die vatikanischen Urkunden zur Geschichte Ludwigs des Bayern u. s. w.

Allein insbesondere mit Rücksicht auf die Möglichkeit, daß die

Pforten des weltgeschichtlich bedeutungsvollen Archives sich auch einmal wieder schließen könnten, wäre eine noch ausgedehntere Benützung geboten. Ich denke z. B. an die römischen Akten des Trienter Konzils, an die Akten über die Haltung der Kurie im spanischen, im österreichischen Erbfolgekrieg und ähnliche Aufgaben. Durch umfassenderes Aufgebot deutscher Arbeitskräfte wäre sicherlich in verhältnißmäßig kurzer Frist zu hochwichtigen Ergebnissen zu gelangen.

Und noch eins. Ich selbst kenne die römischen Verhältnisse nicht aus eigener Anschauung, aber es ist mir von Eingeweihten versichert worden, daß gerade bei diesen Arbeiten im Vatikan der Unsegen der Vielstaaterei wieder so recht auffällig zutage getreten sei. Zuerst benützt — beispielsweise — der badische, dann der württembergische, dann der sächsische Mandatar einen und denselben Registerband, um das für die Zwecke des Einzelnen Nützliche auszuziehen, während es nur fast dreifach kürzere Arbeitszeit kosten würde, wenn ein Arbeiter die nötigen Vermerke für die drei Staaten machen würde. System soll in die römische Forschung gebracht werden, das ist meine Forderung, und ich glaube, daß dies am leichtesten zu erreichen wäre, wenn das preußische Institut in Rom in ein von den Gelehrtenrepubliken, den Akademien, gemeinsam unterhaltenes deutsches verwandelt würde.

Ich bin zu Ende. Ich wiederhole nochmals: ich habe nichts anderes beabsichtigt, als eine Anregung für die verehrten Herren Kollegen, unter denen sich ja so viele, auf den verschiedensten Gebieten der Geschichtswissenschaft sachkundige Autoritäten befinden. Mögen meine Vorschläge auch nur in fragwürdiger Gestalt erschienen sein, lassen Sie sich dadurch, bitte ich, nicht abhalten, mit ihnen zu reden, meine Gedanken zu verbessern und zu ergänzen, oder auch geeignetere an ihre Stelle zu setzen. Das Fruchtmark dieses Ideenaustausches könnte dann vielleicht, obwohl ich es nicht für nötig halte, in Form von Thesen nutzbar gemacht werden."

Geheimrat v. Weech (Karlsruhe) äußert die Ueberzeugung, daß alle Anwesenden durchdrungen seien von der Bedeutung des Augenblickes, in welchem die deutschen Historiker anknüpfen an Traditionen, wie sie im Jahre 1846 zu Frankfurt geschaffen wurden, und fährt dann fort: Die Vorschläge des Herrn Prof. Heigel sind alle geeignet, das Interesse des Historiker-Tages und die meisten auch das Interesse der Nation in Anspruch zu nehmen. Zunächst handelt es sich um Anregungen, und der Historiker-Tag kann höchstens durch Aufstellung bestimmter Thesen diesen Gedanken in weitere Kreise tragen und den maßgebenden Instituten zugänglich machen. Nach der einen oder der anderen Seite gestatten Sie mir, die Ausführungen des Herrn Prof. Heigel zu ergänzen und bei dieser Gelegenheit einige Gesichtspunkte geltend zu machen, die schon bei der ersten Anregung näher in Betracht gezogen zu werden verdienten. Zweifellos wäre die Herausgabe eines Ortsverzeichnisses Deutschlands unter Zusammenwirkung aller unserer historischen Institute eine der wichtigsten und zugleich lohnendsten Arbeiten.

Bezüglich der Anordnung eines solchen Ortsverzeichnisses kann auch ich die alphabetische Reihenfolge für keine glückliche Idee halten; die Arbeit würde dadurch erschwert und verschleppt, da sich bei notwendig gemeinsamen Arbeiten schon redaktionell Schwierigkeiten einstellen müßten. Auch gegen die Einteilung nach Gauen habe ich gewisse Bedenken, weil gerade auf diesem Gebiete der Forschung, wie allgemein bekannt, viele Kontroversen bestehen. Daß eine Anordnung nach den heutigen politischen Grenzen Deutschlands nicht angeht, kann nicht bezweifelt werden. Wäre es aber nicht vielleicht möglich, eine spätere Einteilung als die nach Gauen zugrunde zu legen, etwa jene der alten Reichskreise, deren Grenzen feststehen?

Was den Inhalt eines Ortslexikons betrifft, so darf ich wohl auf das von Baden hinweisen, dessen größerer Teil (3 Abteilungen) bereits erschienen ist und das demnächst seinen Abschluß finden dürfte; denn die Anordnung desselben hat von Seite kompetenter Persönlichkeiten ziemlich viel Beifall gefunden. Man hat hier die Feststellung der Ortsnamen in der ältesten urkundlichen Form zugrunde gelegt. Aber auch die in den betreffenden Orten ansässigen adeligen und bürgerlichen Geschlechter wurden mit hereingezogen, ferner die Gründung der Pfarreien und, was besonders wertvoll ist, die Feststellung der Kirchenpatrone. Ohne daß man eine historische Entwicklung der einzelnen Orte geben wollte, wurden doch, anschließend an die bezüglichen Urkunden, gewisse historische Momente angegeben: so die politische Zugehörigkeit in den früheren Zeiten und der Zeitpunkt, wo die Zugehörigkeit nach den gegenwärtigen staatlichen Verhältnissen festgestellt ist. Auch genealogische Andeutungen, die ja für den Forscher immer von Bedeutung sind, finden sich vor.

Auf diese Gesichtspunkte also, die aus der Thätigkeit eines kleinen deutschen Staates auf diesem Gebiet sich ergeben könnten, möchte ich aufmerksam gemacht haben. Zu einem solchen, ganz Deutschland umfassenden Werke aber ist das Zusammenwirken größerer wissenschaftlicher Institute ein notwendiges Erfordernis.

Mein besonderes Interesse erweckte ferner die vorgeschlagene Sammlung von deutschen Kreistagsakten; denn gerade diese sind für die späteren Verhältnisse des Reiches, für die Entwicklung auf wirtschaftlichem und rechtlichem Gebiet von der allergrößten Bedeutung. Erdmannsdörffer, der in der Badischen historischen Kommission besonders darauf aufmerksam machte, hat die Herausgabe der schwäbischen angeregt. Aber ich meine, daß diese Publikationen nicht Aufgabe eines einzelnen kleinen Staates sein können, sondern daß hier das Zusammenwirken mehrerer Staaten notwendig ist. Eine Herausgabe der Kreistagsakten von ganz Deutschland unter Beteiligung unserer Akademien wäre ein Werk, das sich würdig an die Publikation der deutschen Reichstagsakten anschließen würde.

Zum Schlusse muß ich in das uneingeschränkte Lob, welches mein Vorredner der Liberalität des vatikanischen Archivs aussprach, aus vollster Ueberzeugung miteinstimmen. Es gibt kaum ein zweites Archiv, welches der Forschung so uneingeschränkt Zutritt gewährte; nur die neuesten Akten (vom Beginne dieses Jahrhunderts an) dürfen nicht mitgeteilt werden. Die Eventualität, daß die Pforten dieses weltgeschichtlichen Archivs der Forschung wieder verschlossen würden, kann ja nicht als völlig ausgeschlossen bezeichnet werden, obwohl in Rom, auch in den eigentlich vatikanischen Kreisen, diese Befürchtung nicht besteht. Ich glaube nicht, daß ein künftiger Papst das hohe Verdienst Leos XIII. vergessen könnte. Ich darf vielleicht ein Wort aus dem Munde des Papstes mir gegenüber mitteilen: „Es befinden sich in meiner Umgebung Personen, die mit mir hierin nicht einverstanden sind. Ich aber bin der Ansicht, daß die Kirche die Wahrheit, welche durch die Forschung zutage kommt, nicht zu fürchten hat!"

Die Zersplitterung der Kräfte bei Arbeiten im vatikanischen Archiv, welche Prof. Heigel hervorhob, ist in der That eine bedenkliche Erscheinung. Vor Jahren (1892) ist einmal der Versuch gemacht worden, im Anschluß an Arbeiten des preußischen historischen Institutes, und zwar bei Herstellung der Registerbände, eine Vereinbarung der deutschen Staaten herbeizuführen. Es war auch bereits zwischen dem damaligen Leiter des Instituts und Vertretern von Baden und Württemberg eine Vereinbarung getroffen worden. Leider ist diese Anregung gescheitert infolge partikularistischer Bedenken eines deutschen Staates und eines hierauf von Berlin aus erhobenen Widerspruchs. Es blieb beim alten. Aber das preußische Institut übernahm für einen langen Zeitraum die Arbeiten für ganz Deutschland. Von den daraus hervorgehenden Regesten wird der erste Band in diesem oder im kommenden Jahre erscheinen.

Aus der erwähnten Anregung wäre eine Zusammenfassung aller deutschen Kräfte, eine nationale Arbeit hervorgegangen; idealer noch wäre eine internationale Beteiligung, da in all den durchgearbeiteten Bänden auch die Geschichte aller anderen Völker der Welt vertreten ist. Wenn dieser Gedanke im Augenblick der völligen Oeffnung des vatikanischen Archives festen Boden gewonnen hätte, so würden die Ergebnisse auf einmal zutage gekommen sein, die jetzt erst nach und nach — bald in Italien, Spanien und Deutschland, neuerdings sogar in Rußland — gesucht werden müssen. Da aber das Allerbeste der Feind des Guten ist, halte ich Heigels Anregung für durchaus erfreulich. Namentlich bei den

Forschungen im vatikanischen Archiv wäre die Bethätigung aller Akademien Deutschland mit Freuden zu begrüßen, da die Schwierigkeiten der Erweiterung des **preußischen** Institutes zu einem **deutschen** beseitigt werden, wenn die Akademien sich dieser Aufgabe annehmen!

Hierauf erstattet Archivar Hansen (Köln) den Bericht über die **Ergebnisse der Konferenz von Vertretern landesgeschichtlicher Publikations-Institute.**

Er erinnert kurz an die Geschichte dieser Konferenz*). In **Leipzig** sei eine Anzahl von Vertretern landesgeschichtlicher Publikations-Institute zusammengetreten und habe über Anregung **Lamprechts** (Leipzig) den Wunsch ausgesprochen, daß diese Institute sich über gemeinsame Ziele einigen und auf die Methode ihrer Arbeiten gewisse Normen aufstellen möchten. In **Frankfurt** seien dann von 15 Vertretern solche Ziele namhaft gemacht und diese Gegenstände zur weiteren Vorbereitung in einer Berathung verschiedenen Referenten zugewiesen worden. Die wichtigsten heuer behandelten Themen seien:

Die Herausgabe der Urkundenbücher (siehe Anhang, Punkt 6), die Weiterführung der **Walther-Koner'schen Repertorien** (Punkt 8) und die Anfertigung von historischen Karten (Punkt 2), letztere diesmal besonders noch durch **Richters** Referat angeregt.

Ueber die erste Frage sei kein Beschluß gefaßt worden, da von den beiden Referenten, deren Ansichten einander gegenüberstehen, **Dobenecker** (Jena) nicht anwesend war. Doch sei die Konferenz der Ansicht, daß sich für diese Frage schwerlich allgemeine Grundsätze aufstellen ließen, da überall an bereits erschienene oder im Erscheinen begriffene Publikationen angeknüpft werden müsse. Vor allem müsse durch allgemeine Inventarisation der Urkunden in den Archiven zunächst festgestellt werden, welches Material Herausgabe verdient. Bezüglich der **Repertorien** könnte man nur Anregungen geben, die Durchführung müsse man den einzelnen historischen Vereinen überlassen. Die Konferenz habe zu diesem Zweck drei Kommissionen ernannt, und zwar:

Für **Deutschland**: Köcher (Hannover), v. Weech (Karlsruhe), Prutz (Königsberg);

für **Oesterreich**: v. Luschin (Graz), Weber (Prag), Hirn (Innsbruck);

für die **Niederlande**: Pirenne (Gent), Fredericq (Gent), Müller (Utrecht).

Endlich sei betreffs der **historischen Karten** festgestellt worden, daß man in den Gemarkungsgrenzen bis 1400 zurück eine

---
*) Siehe Anhang I, „Bericht über die bisherige Entwicklung der Konferenzen von Vertretern landesgeschichtlicher Publikations-Institute".

sichere Grundlage von großer Stabilität habe, daß diese also zuverlässig als Gerippe der sogenannten Grundkarten zu verwenden seien. Bezüglich des Maßstabes stoße man mit dem Vorschlage v. Thudichums nach Einheitlichkeit (1 : 100.000) auf Schwierigkeiten, da die Generalstabskarten, von denen man ausgehen müsse, in verschiedenen Gebieten verschiedene Maßstäbe aufweisen. Doch sei nach der allgemeinen Ansicht bei diesen Arbeitskarten Einheitlichkeit nicht notwendig, da sie später auf einen gemeinsamen Maßstab reduziert werden können. Terraindarstellung sei überflüssig.

Die Leitung der Konferenz bleibe nach wie vor in den Händen Lamprechts (Leipzig), der diesmal am Erscheinen verhindert gewesen sei. Lamprecht könne die Geschäftsführung von nun ab leichter bewerkstelligen, da er zum Zwecke der sächsischen Geschichtskommission ein besonderes Bureau zur Verfügung habe.

Der Vorsitzende, Prof. v. Zwiedineck-Südenhorst, dankt dem Obmanne der Konferenz und bemerkt, daß eine Debatte nicht stattfinde, da die Konferenz ein selbständiges Unternehmen sei. Hierauf dankt er allen Anwesenden für die rege Teilnahme am IV. Historiker-Tage und drückt die Ueberzeugung aus, daß die Resultate der Verhandlungen sehr ersprießliche waren. Der Wert der Historiker-Tage werde von den Fachgenossen anerkannt, darum werde man auch in Zukunft an dieser Institution festhalten.

Schluß der öffentlichen Verhandlungen.

Nach einer Pause findet die Sitzung des Verbandes Deutscher Historiker bei Ausschluß der Oeffentlichkeit unter dem Vorsitze des Herrn Prof. Prutz (Königsberg) statt.

Zuerst erstattet Archivar Hansen (Köln) den Geschäfts- und Kassenbericht. Außer den in Frankfurt anwesenden Mitgliedern seien noch 71 neue in den Verband eingetreten.

Kasse:

Rest von Frankfurt	156·85	Mark
71 Mitgliederbeiträge	355·—	„
Summe der Einnahmen . .	511·85	Mark
Ausgaben	240·80	„
Saldo am 31. Dezember 1895	271·05	Mark.

Da die Rechnungsrevisoren Prof. v. Ottenthal (Innsbruck) und Dr. Kaerst (Gotha) die Rechnung geprüft und richtig befunden haben, wird vom Verbande die Entlastung des Berichterstatters ausgesprochen.

Sodann ergreift Prof. v. Zwiedineck-Südenhorst (Graz) das Wort zur Geschäftsordnung. Er verliest die auf die Organisation des Verbandes bezüglichen Frankfurter Beschlüsse von 1895 und hierauf den „Nachtrag zu den Frankfurter Beschlüssen", der vom Verbandsausschusse beantragt wird und durch den die Kontinuität der Historiker-Tage hergestellt werden soll.

An der Debatte über diesen „Nachtrag" betheiligen sich außer dem Referenten Prof. Hirn (Innsbruck), Prof. Redlich (Wien), Prof. Stieve (München), Prof. Huber (Wien), Prof. v. Schwind (Innsbruck), Prof. v. Below (Münster i. W.), Geheimrat v. Weech (Karlsruhe), Prof. Kaltenbrunner (Innsbruck), Prof. v. Scala (Innsbruck), Prof. v. Ottenthal (Innsbruck), Oberstlieutenant a. D. Jähns (Berlin).

Der „Nachtrag" wird nach dieser Debatte in folgender Form angenommen:

Geschäfts-Ordnung

für die

Versammlungen deutscher Historiker und den Ausschuß des Verbandes deutscher Historiker.

1. Die Versammlungen deutscher Historiker werden gebildet durch die Mitglieder des Verbandes deutscher Historiker und durch Teilnehmer, die sich beim Verbandsausschusse oder beim Ortsausschusse melden;

2. die Teilnehmer genießen bei allen wissenschaftlichen Verhandlungen und Vorträgen die gleichen Rechte wie die Verbandsmitglieder; zu den Sitzungen des Verbandes, die sich mit dessen Organisation, mit der Wahl des Ausschusses, mit der Bestimmung von Zeit und Ort der Versammlungen und dgl. beschäftigen, haben sie jedoch keinen Zutritt;

3. über die Frage, ob bei wissenschaftlichen Verhandlungen Abstimmungen vorgenommen werden oder nicht, entscheidet der Verbandsausschuß;

4. die Teilnehmer bezahlen einen Beitrag zu den Kosten der Versammlung, der dem Jahresbeitrage der Verbandsmitglieder mindestens gleichkommt;

5. den Vorsitz in den Versammlungen führt in der Regel der Vorsitzende des Verbandes. Zu seiner Unterstützung werden vom Verbandsausschusse zwei seiner Mitglieder bestellt. Der Vorsitzende schlägt der Versammlung zwei Schriftführer vor;

6. die Beschlüsse der allgemeinen Versammlungen und der Verbandssitzungen werden mit einfacher Mehrheit gefaßt; nur zu

dem Beschlusse der Auflösung des Verbandes ist die Zustimmung von Dreivierteilen der anwesenden Verbandsmitglieder erforderlich;

7. die **Geschäfte des Verbandsausschusses** werden von dem Vorsitzenden, dessen Stellvertreter und dem Schatzmeister (mit den Befugnissen eines Kassierers) besorgt. Der Vorsitzende und dessen Stellvertreter sollen womöglich den gleichen Wohnort haben. Sollte der Ausschuß bei seiner Konstituierung nicht in der Lage sein, einen Vorsitzenden-Stellvertreter zu wählen, so hat der neugewählte Vorsitzende innerhalb der nächsten vier Wochen nach der Versammlung eine geeignete Persönlichkeit in Vorschlag zu bringen und die Zustimmung der Ausschußmitglieder einzuholen. Der Vorsitzende oder dessen Stellvertreter verhandelt mit den Ausschußmitgliedern schriftlich durch vervielfältigte (autographierte) Briefe;

8. die **Kosten der Geschäftsführung** werden gegen quittierte und vom Vorsitzenden gezeichnete Rechnungen vom Schatzmeister ausbezahlt, der den Vorsitzenden über den Stand der Kasse nach Wunsch in Kenntnis zu setzen hat;

9. am Tage vor der Eröffnung der allgemeinen Versammlung findet am Versammlungsorte eine **Ausschußsitzung** statt, in welcher der Vorsitzende über die von ihm eingeleiteten Schritte Rechenschaft gibt und der Schatzmeister die Jahresrechnungen und den Voranschlag vorlegt. In dieser Sitzung findet auch die endgiltige Feststellung der Tagesordnung statt, zu welcher die Verbandsmitglieder bis 14 Tage vor der Versammlung schriftliche Anträge beim Vorsitzenden einbringen können;

10. der **Versammlungsort** muß nicht der Wohnort des Vorsitzenden sein, doch wird er in der Regel innerhalb jener Gebiete liegen, in welchen der Vorsitzende nähere wissenschaftliche und persönliche Beziehungen pflegt;

11. wenn an dem Versammlungsorte ein **Ortsausschuß** gebildet wird, so ist derselbe als ein unterstützendes Organ des Verbandsausschusses anzusehen und hat seine Beschlüsse mit dem Vorsitzenden des Verbandes zu vereinbaren. Die von ihm dem Schatzmeister vorzulegenden Rechnungen über seine Aufwendungen sind vom Vorsitzenden mitzuzeichnen;

12. die Uebergabe der Geschäfte des Verbandes von dem abtretenden an den neugewählten Vorsitzenden geschieht nach Fertigstellung und Versendung des Berichtes über die letzte Versammlung, womöglich innerhalb dreier Monate nach derselben.

Man schreitet sodann zur **Wahl des Ausschusses**. Dem Vorschlage des Ausschusses entsprechend werden gewählt: Prof. Gothein (Bonn), Archivar Hansen (Köln), Prof. Heigel (München), Prof. Huber (Wien), Prof. Kaltenbrunner (Innsbruck), Prof. Köcher

(Hannover), Prof. Lamprecht (Leipzig), Prof. Meyer v. Knonau (Zürich), Prof. Eduard Meyer (Halle), Prof. Prutz (Königsberg), Prof. Stieve (München), Prof. Stählin (Stuttgart), Geheimrat Ulmann (Greifswald), Gymn.=Rektor Vogt (Nürnberg), Prof. Weber (Prag), Geheimrat v. Weech (Karlsruhe), Prof. v. Zwiedineck= Südenhorst (Graz). Die Ergänzung bis auf 20 Mitglieder kann nach Festsetzung des nächsten Versammlungsortes vom Ausschusse selbst vorgenommen werden.

Dr. Kaerst (Gotha) spricht den Vorsitzenden und Schriftführern den Dank der Versammlung aus.

Schluß der Sitzung: 12 Uhr.

In der darauf abgehaltenen Ausschußsitzung wurden Prof. Dr. F. Stieve (München) zum Vorsitzenden, Prof. Dr. K. Th. Heigel (München) zum Vorsitzenden=Stellvertreter, Archivar Prof. Dr. J. Hansen (Köln) zum Schatzmeister des Verbandes gewählt.

Die mannigfaltigen, namentlich kunsthistorischen Sehenswürdig= keiten der Stadt Innsbruck boten den Gästen auch außerhalb der Versammlungen allenthalben reiche Anregung. Prof. v. Wieser übernahm in bereitwilligster Weise die Führung der Historiker durch das Innsbrucker Museum.

Die Abende gestalteten sich durch die lebhafte Teilnahme der meisten anwesenden Fachgenossen zu fröhlichen Kneipabenden beim „Grauen Bären", wo der „Tiroler" seine Triumphe feierte. Freitag fand hier ein vom Ortsausschuß veranstalteter geselliger Abend statt, der namentlich durch die vortrefflichen Vorträge der „Turner= Sängerriege", welche in der Pflege des echten Tiroler Gesanges die höchste Stufe künstlerischer Vollendung erreicht hat, einen be= sonderen Reiz gewann.

Sonnabend Nachmittag wurde ein Ausflug nach Hall unternommen. Dort begrüßte der Bürgermeister Dr. Theodor Kathrein, Vizepräsident des österreichischen Abgeordnetenhauses, die Gäste auf das freundlichste und führte sie durch den mit vielen altertümlichen Gebäuden gezierten Ort in die historische Ausstellung, die in diesem Sommer von Prof. v. Wieser im Rathause ver= anstaltet worden war.

Sonntag vereinigten sich etwa 70 Teilnehmer des Historiker= Tages nach verschiedenen, teils weiter ausgreifenden, teils näheren Ausflügen im „Iglserhof", in dem durch seine reizende Lage bekannten Igls, zu einem gemeinsamen Mahle, bei dem die Stimmung umso freudiger erregt war, als nach langer Regenzeit ein herrlicher Tag die Ausflüge begünstigt hatte.

Montag, Nachmittag 3 Uhr, fand im Hotel „Europa" ein Festessen statt, an dem außer etwa 50 Fachgenossen auch der Rector Magnificus Dr. Zingerle sowie der Bürgermeister von Innsbruck, Dr. Mörz, und mehrere Damen teilnahmen. Den ersten Trinkspruch brachte der Vorsitzende des Verbandes, Prof. v. Zwiedineck-Südenhorst, auf Se. Majestät den Kaiser Franz Josef I. von Oesterreich und anschließend auf Se. Majestät den deutschen Kaiser Wilhelm II. aus. Darauf toastete Prof. Prutz auf die Stadt Innsbruck und die Universität. Diesem dankten der Bürgermeister Dr. Mörz und der Rector Magnificus Dr. Zingerle. Ferner sprach Geheimrat v. Weech auf die anwesenden Damen und Prof. v. Below auf die Teilnehmer fremder Nationen, was Prof. Blondel (Paris) zu einer im elegantesten Französisch gehaltenen, überaus freundlichen Dankesrede Anlaß bot. Prof. Hirn begrüßte den neugewählten Vorsitzenden des Verbandes, Prof. Stieve, der mit bekannter Meisterschaft und hinreißender Laune über das deutsche Volk und dessen Idealismus sprach.

Anhang I.

Bericht über die bisherige Entwicklung der Konferenzen von Vertretern landesgeschichtlicher Publikations-Institute.

Auf der zweiten Versammlung deutscher Historiker zu Leipzig, im Jahre 1894, wurde in der dritten Sitzung über den Stand und die Bedeutung der landesgeschichtlichen Studien, insbesondere über die Arbeitsgebiete der landesgeschichtlichen Publikations-Gesellschaften beraten.*) Nach eingehenden Ausführungen der Herren Prof. Dr. v. Zwiedineck-Südenhorst (Graz), Geheimrat Dr. v. Weech, Direktor des badischen General-Landesarchivs (Karlsruhe), Stadtarchivar Dr. Hansen (Köln), Prof. Dr. Markgraf (Breslau), Prof. Dr. Prutz (Königsberg), Archivrat Dr. Jacobs (Wernigerode) über Lage und Charakter der entsprechenden Institute in Steiermark, Baden, der Rheinprovinz, Schlesien, Preußen und der Provinz Sachsen wurde folgender Antrag des Prof. Lamprecht von der Versammlung einstimmig angenommen: Die Versammlung erklärt es als dringend erwünscht, daß im Zusammenhang mit den künftigen Historiker-Tagen Konferenzen von Vertretern der landesgeschichtlichen Publikations-Institute zur Beratung gemeinsamer Angelegenheiten stattfinden.

In Ausführung dieses Beschlusses lud der Vorsitzende des geschäftsführenden Ausschusses der Historiker-Versammlung die Vertreter einer Anzahl von Publikations-Instituten zu einer freien gemeinsamen Besprechung auf die nächste Tagung nach Frankfurt ein. Dieser Aufforderung sind fast alle Eingeladenen gefolgt. In den Konferenzen, die am Mittwoch den 17. April und am Freitag den 19. April 1895 stattfanden, waren außer dem Vorsitzenden zugegen:

Oberlehrer Dr. Dobenecker (Jena), Verein für thüringische Geschichte und Altertumskunde; Prof. Dr. Finke (Münster i. W.), Verein für Geschichte und Altertumskunde Westfalens; Prof. Dr. Größler (Eisleben), Historische Kommission der Provinz Sachsen;

---

*) Bericht über die zweite Versammlung deutscher Historiker, 29. März bis 1. April 1894, zu Leipzig; Leipzig, Duncker & Humblot 1894; S. 19—29.

Archivrat Dr. Grotefend (Schwerin), Kommission für Herausgabe des mecklenburgischen Urkundenbuches; Stadtarchivar Dr. Hansen (Köln), Gesellschaft für rheinische Geschichtskunde; Stadtarchivar Dr. Jung (Frankfurt a. M.), Verein für Geschichte und Altertumskunde Frankfurts; Prof. Dr. Köcher (Hannover), Historischer Verein für Niedersachsen; Prof. Dr. Pirenne (Gent), Commission royale d'histoire, (Brüssel); Prof. Dr. Prutz (Königsberg i. P.), Verein für Geschichte von Ost- und Westpreußen; Geh.-Archivrat Dr. v. Stälin (Stuttgart), Württembergische Kommission für Landesgeschichte; Archivrat Dr. Warschauer (Posen), Historische Gesellschaft für die Provinz Posen; Prof. Dr. Weber (Prag), Verein für die Geschichte der Deutschen in Böhmen; Prof. Dr. Wolff (Frankfurt a. M.), Verein für hessische Geschichte und Landeskunde; Prof. Dr. v. Zwiedineck-Südenhorst (Graz), Historische Landeskommission für Steiermark; Oberlehrer Dr. Wehrmann, Gesellschaft für Pommer'sche Geschichte und Altertumskunde; k. u k. Generalmajor von Wetzer (Wien), k. u. k. Kriegsarchiv.

Zur Konferenz angemeldet, aber durch äußere Gründe am Erscheinen verhindert waren:

Prof. Dr. Meyer v. Knonau (Zürich), Allgemeine Geschichtsforschende Gesellschaft der Schweiz; Prof. Dr. Schäfer (Tübingen), Württembergische Kommission für Landesgeschichte; Prof. Dr. Schulte (Freiburg i. B.), Badische historische Kommission.

Schriftlich zustimmend zur Konferenz hatten sich geäußert:

Verein für Geschichte und Altertum Schlesiens zu Breslau; Verein für Geschichte und Landeskunde zu Osnabrück; Historisch genootschap zu Utrecht; Estländische litterärische Gesellschaft zu Reval.

Einladungen waren im ganzen 25 ergangen.

Zu Beginn der Konferenzen wurde zunächst Prof. Lamprecht zum Leiter der Verhandlungen gewählt. Derselbe führte darauf über die Ziele der Konferenzen etwa Folgendes aus: Die politische Geschichtsforschung, wie sie lange Zeit vornehmlich allein im Mittelpunkt der geschichtswissenschaftlichen Bestrebungen stand, ist naturgemäß vor allem der Untersuchung und Herausgabe der Quellen für das zentrale Geschichtsleben unseres Volkes nahe getreten; sie hat dafür große Einrichtungen, wie die Zentraldirektion der Monumenta Germaniæ historica, entwickelt. Daneben aber ist schon in der Blütezeit der spezifisch politischen Geschichtsforschung eine autonome Thätigkeit landschaftlich oder sogar örtlich begrenzter Vereine getreten, die sich neben der Publikation geschichtlicher Forschungen in Zeitschriften vielfach auch der Veröffentlichung größerer Quellenmassen zur Geschichte ihres Gebietes annahm. Die Bewegung in dieser Richtung, wie sie zunächst von den Geschichtsvereinen ausgieng, ist in den wichtigsten Gebieten der nationalen Entwicklung seit einigen Jahrzehnten gesteigert worden durch Errichtung besonderer Kommissionen oder Gesellschaften, die sich ausschließlich der Publikation regional begrenzten Quellenstoffes widmen. Dieser Quellenstoff dient nun vornehmlich der Erforschung der regionalen Verfassungs-, Rechts- und Wirtschaftsentwicklung, sowie der Entwicklung der Kunst, Litteratur und Wissenschaft, kurz, er ist im weitesten Sinne des Wortes kulturgeschichtlichen Charakters. Als solcher aber muß er, soweit dies mit der Freiheit der einzelnen Publikationen verträglich ist, überall in allseitig vergleichbarer Form herausgegeben werden; denn erst seine möglichst weit entwickelte Vergleichbarkeit sichert die Gewinnung von Ergebnissen zur allgemeinen Geschichte der Nation und macht dadurch die einzelnen Veröffentlichungen vollends brauchbar. Hierin beruht vornehmlich die Notwendigkeit, der Autonomie der lebhaft vorwärts schreitenden regionalen und lokalen Publikationsthätigkeit eine gemeinsame zentrale Verständigung über gewisse Richtungen dieser Thätigkeit zur Seite zu stellen. Die Arbeitsteilung auf diesem Gebiete muß, wie überall bei arbeitsteiligem Fortschritt, durch eine gemeinsame Arbeitsorganisation erst wahrhaft fruchtbar gemacht werden. Diesem Zwecke sollen nun die freien Konferenzen von Vertretern deutscher Publikations-Institute in erster Linie dienen. Sie werden aber auch sonst dazu beitragen, gegenseitige Verständigung über Abgrenzung gewisser Materien, gegenseitigen Austausch von Erfahrungen bei dem Verlag und Vertrieb von Publikationen, überhaupt gewinnreiche gegenseitige Aussprache über Zwecke und Ziele regionaler und lokaler Quellenveröffentlichung herbeizuführen.

Neben den Zielen der Konferenz berührte der Vorsitzende dann auch deren künftige finanzielle Sicherung und Ausstattung.

Die Teilnehmer der Konferenz erklärten sich darauf in lebhafter Debatte mit den vom Vorsitzenden aufgestellten Zielen im allgemeinen einverstanden. Das Ergebnis der Erörterungen war der Beschluß, die Konferenz als dauernde Einrichtung zu begründen:

„Die in der Konferenz vom 17. April 1895 zu Frankfurt a. M. versammelten Vertreter landesgeschichtlicher Publikations-Institute erklären es einstimmig für wünschenswert, daß jährlich Zusammenkünfte von Vertretern solcher Institute zur Förderung ihrer gemeinsamen Interessen stattfinden."

Im weiteren Verlaufe der Verhandlungen wurden dann für die nächste Beratung folgende Gegenstände ins Auge gefaßt:

1. Feststellung der Bedingungen, unter denen zur gegenseitigen Vergleichung geeignete Ausgaben von Weistümern und Ertragsregistern am besten hergestellt werden können;

2. Erörterung der Verhältnisse, insbesondere der Maßstäbe, unter deren Berücksichtigung vergleichbare Bearbeitungen und Ausgaben von Flurkarten, Grundkarten (im Sinne Thudichums) und Karten zur politischen Geschichte möglich sind, sowie Erörterungen über die Kosten solcher Kartenwerke, wie die zu deren Herstellung verwendbaren mechanischen Reproduktionsarten;

3. Zusammenstellung des Materials an mittelalterlichen Stadt=
büchern, das innerhalb der deutschen Gebiete vorhanden ist;

4. Zusammenstellung des Materials an Offizialatsakten wie
verwandten Quellen zur Geschichte des religiösen und kirchlichen Lebens
im ausgehenden Mittelalter, das innerhalb der deutschen Gebiete
vorhanden ist;

5. Beratung über die Frage, inwiefern sich ein gemeinsames
Vorgehen der Publikations=Institute für die Bearbeitung verwaltungs=
geschichtlicher Fragen als empfehlenswert denken läßt;

6. Beratung über die Frage, inwiefern sich die Herausgabe nach
heutiger Verwaltungseinteilung abgegrenzter Urkundenbücher empfiehlt,
oder inwiefern vielmehr Urkundenbücher vorzuziehen seien, die den
überlieferten Stoff eines bestimmten Institutes, eines Klosters, Stiftes,
einer städtischen Verwaltung u. s. w. wiedergeben;

7. auf einen Antrag von Herrn Dr. Steinhausen in Jena:
Zusammenstellung der wichtigsten spezifisch kulturgeschichtlichen Quellen,
deren Edition durch die einzelnen Institute wünschenswert erscheinen
könnte;

8. sachliche und finanzielle Vorbereitung einer Ergänzung der
Walther=Koner'schen Repertorien von 1850 bis zur Gegenwart.

Zur Vorbereitung der künftigen Beratung wurden für jeden
einzelnen der aufgezählten Gegenstände Referenten bestimmt, beziehungs=
weise soweit dieselben der Konferenz nicht angehörten, in Aussicht
genommen, und zwar:

Zu Nr. 1, Ertragsregister: Prof. Finke (Münster), Prof. Lam=
precht (Leipzig), Prof. Schulte (Freiburg i. B.).

Zu Nr. 1, Weistümer: Geh. = Justizrat Prof. Loersch (Bonn),
Prof. v. Thudichum (Tübingen), Archivrat Grotefend (Schwerin).

Zu Nr. 2: Geh.=Regierungsrat Prof. Meitzen (Berlin), Prof.
v. Thudichum (Tübingen), Archivrat Grotefend (Schwerin) und speziell
zur Kosten= und Reproduktionsfrage auch Archivar Hansen (Köln).

Zu Nr. 3: Prof. Finke (Münster), Archivar Hansen (Köln).

Zu Nr. 4: Archivrat Ermisch (Dresden), Archivar Warschauer
(Posen).

Zu Nr. 5: Prof. v. Zwiedineck=Südenhorst (Graz).

Zu Nr. 6: Oberlehrer Dr. Dobenecker (Jena), Prof. Pirenne
(Gent).

Zu Nr. 7: Bibliothekskustos Dr. Steinhausen (Jena).

Zu Nr. 8: Prof. Köcher (Hannover), Prof. Prutz (Königsberg).

Schließlich wurde Prof. Lamprecht mit der weiteren Führung
der Geschäfte der Konferenz beauftragt.

Anhang II.

Liste der Theilnehmer.

Nr.	Name	Titel und Stellung	Wohnort
1	Adler Siegmund	Universitätsprofessor Dr.	Wien.
2	Alberti Otto, v.	kgl. Archivrat	Stuttgart.
3	Amman Hartmann	k. k. Gymnasialprofessor	Brixen.
4	Arnheim Fritz	Privatgelehrter Dr. phil.	Berlin.
5	Ausserer Karl	Professor Dr.	Wien.
6	Bauer Stephan	Privatdozent Dr.	Brünn.
7	Beloch Julius	Universitätsprofessor Dr.	Rom.
8	Below Georg, v.	Universitätsprofessor Dr.	Münster i. W.
9	Blondel G.	Professor	Paris.
10	Boguth Walther	k. k. Realschulprofessor Dr.	Pola.
11	Bretholz Berthold	Landes-Historiograph Dr.	Brünn.
12	Büdinger Max	Universitätsprofessor Dr.	Wien.
13	Chroust Anton	Privatdozent Dr.	München.
14	Damian Josef	k. k. Gymnasialprofessor	Trient.
15	Damus Rudolf	Stadtschulrath Dr.	Danzig.
16	Darmstaedter Paul	Dr. phil.	Straßburg i. E.
17	Durig Josef	k. k. Schulrath	Innsbruck.
18	Egger Josef	k. k. Gymnasialprofessor Dr.	Innsbruck.
19	Ficker Julius, R. v.	k. k. Hofrath, Universitätsprofessor i. P. Dr.	Innsbruck.
20	Gál Julius	k. u. k. Hauptmann im Kriegsarchiv	Wien.
21	Genelin Plac.	k. k. Gymnasialprofessor und Lector a. d. Universität Dr.	Innsbruck.
22	Giesecke Alfred	Verlagsbuchhändler Dr.	Leipzig.
23	Gothein Eberhard	Universitätsprofessor Dr.	Bonn.
24	Grünberg Karl	Privatdozent Dr.	Wien.
25	Györy de Nadudvar Arpad	k. u. k. Hof- und Staats-Archivs-Concipist	Wien.
26	Hansen Josef	Stadtarchivar Dr.	Köln.
27	Hartmann Lud. M.	Privatdozent Dr.	Wien.
28	Hausotter J.	k. k. Landesschulinspector Dr.	Innsbruck.
29	Hauthaler W. P.	k. k. Schulrath	Salzburg.
30	Heigel K. Th.	Universitätsprofessor Dr.	München.
31	Hellmann Siegm.	Dr. phil.	München.

Nr.	Name	Titel und Stellung	Wohnort
32	Helmolt Hans F.	Redacteur am Bibliographischen Institut Dr.	Leipzig.
33	Heyk Eduard	Archivrath und Professor Dr.	Donaueschingen.
34	Hilfferich Karl	Dr. iur.	Neustadt.
35	Hirn Josef	Universitätsprofessor Dr.	Innsbruck.
36	Hoeniger R.	Privatdozent und Lehrer a. d. Kriegsakademie Dr.	Berlin.
37	Hohenlohe = Schillingsfürst, Prinz zu, Philipp	k. k. Statthaltereisecretär	Innsbruck.
38	Huber Alfons	Universitätsprofessor General= Secretär der Akademie der Wissenschaften Dr.	Wien.
39	Hueber Adolf	k. k. Realschulprofessor Dr.	Innsbruck.
40	Jähns Max	Oberstlieutenant a. D. Dr.	Berlin.
41	Jaksch R. v. Wartenhorst August	Archivar	Klagenfurt.
42	Inama=Sternegg Karl Th., v.	k. k. Sectionschef, Mitglied d. Herrenhauses	Wien.
43	Jung Julius	Universitätsprofessor Dr.	Prag.
44	Kaltenbrunner F.	Universitätsprofessor Dr.	Innsbruck.
45	Kaerst Julius	Gymnasialoberlehrer Dr.	Gotha.
46	Kintzel Georg	Dr. phil.	Berlin.
47	Klaar Karl	k. k. Conceptspraktifant im Statthaltereiarchiv Dr.	Innsbruck.
48	Kleinschmidt A.	Universitätsprofessor Dr.	Heidelberg.
49	Knapp G. F.	Universitätsprofessor Dr.	Straßburg.
50	Köcher Adolf	Professor Dr.	Hannover.
51	Larcher Pius, R. v.	k. k. Oberlandesgerichtsrath	Innsbruck.
52	Loersch Hugo	Geh. Justizrath, Universitäts= professor Dr.	Bonn.
53	Lossen Max	Universitätsprofessor Dr.	München.
54	Luschin v. Ebengreuth A.	Universitätsprofessor Dr.	Graz.
55	Mahl=Schedl v. Alpenburg F. J.	k. k. Sectionsrath, Referent für das Archivwesen im Ministerium des Innern Dr.	Wien.
56	Maretich Riv=Alpon, Frh. v. Geb.	k. u. k. Oberst	Innsbruck.
57	Mayer Karl	Universitätsprofessor Dr. med.	Innsbruck.
58	Mayr Michael	k. k. Statthaltereiarchivar und Privatdozent Dr.	Innsbruck.

Nr.	Name	Titel und Stellung	Wohnort
59	Meier Hans P.	cand. hist.	Graz.
60	Meinecke Friedrich	Privatdozent u. kgl. Archivar Dr.	Berlin.
61	Meitzen August	Geh. Rath, Universitäts= professor Dr.	Berlin.
62	Michael Wolfgang	Universitätsprofessor Dr.	Freiburg i. B.
63	Müller Johann	Universitätsprofessor Dr.	Innsbruck.
64	Myrbach, Frh. v.	Universitätsprofessor Dr.	Innsbruck.
65	Neuwirth Josef	Universitätsprofessor Dr.	Prag.
66	Ottenthal Emil, v.	Universitätsprofessor Dr.	Innsbruck.
67	Peisker Johann	Bibliotheksscriptor Dr.	Graz.
68	Peter Anton	k. k. Gymnasialprofessor	Innsbruck.
69	Pirenne H.	Universitätsprofessor Dr.	Gent.
70	Pribram Alfred	Universitätsprofessor Dr.	Wien.
71	Prutz Hans	Universitätsprofessor Dr.	Königsberg.
72	Puntschart Paul	Privatdozent und Concepts= Praktikant im Statthalterei= archiv Dr.	Innsbruck.
73	Redlich Josef	Advocaturscandidat Dr.	Wien.
74	Redlich Oswald	Universitätsprofessor Dr.	Wien.
75	Richter Eduard	Universitätsprofessor Dr.	Graz.
76	Rief Josef C. P.	Gymnasialprofessor	Bozen.
77	Riggauer Hans	Universitätsprofessor Dr.	München.
78	Röck H.	Director der Lehrerbildungs= anstalt Dr.	Innsbruck.
79	Rosenlehner A.	cand. hist.	München.
80	Rühl Franz	Universitätsprofessor Dr.	Königsberg.
81	Sander Hermann	k. k. Oberrealschuldirector	Innsbruck.
82	Scala Arthur, v.	Studierender	Cambridge.
83	Scala Rudolf, v.	Universitätsprofessor Dr.	Innsbruck.
84	Schlitter Hans	k. u. k. Hof= und Staatsarchivs= Concipist Dr.	Wien.
85	Schmoller Gustav	Universitätsprofessor Dr.	Berlin.
86	Schönach Ludwig	k. k. Gymnasialprofessor	Brünn.
87	Schönherr David, Ritter v.	kais. Rath u. k. k. Director d. Statthaltereiarchivs Dr.	Innsbruck.
88	Schroeder v. L.	Universitätsprofessor Dr.	Innsbruck.
89	Schumacher Anton	Handelskammerpräsident und Verlagsbuchhändler	Innsbruck.
90	Schuster Richard	k. k. Archivsbeamter Dr.	Wien.
91	Schwind Ernst, Freiherr v.	Universitätsprofessor Dr.	Innsbruck.
92	Seeliger Gerhard	Universitätsprofessor Dr.	Leipzig.

5*

Nr.	Name	Titel und Stellung	Wohnort
93	Sieglin Wilhelm	Custos d. Universitätsbibliothek und Universitäts-Münzensammlung Dr.	Leipzig.
94	Stanger Gustav	k. k. Landesschulinspector	Innsbruck.
95	Stieve Felix	Hochschulprofessor Dr.	München.
96	Straganz Max P.	k. k. Gymnasialprofessor	Hall.
97	Striedinger Ivo	kgl. Archivsecretär Dr.	München.
98	Strnadt Julius	k. k. Landesgerichtsrath und Landesausschuß	Kremsmünster.
99	Stscheprin Eugen	Privatdozent Dr.	Moskau.
100	Thudichum F. v.	Universitätsprofessor Dr.	Tübingen.
101	Tille Armin	Mitarbeiter b. d. Gesellschaft für rheinische Geschichtskunde Dr.	Bonn.
102	Tschiderer Ernst, Baron v.	k. k. Kämmerer	Innsbruck.
103	Ulmann Heinrich	Geh. Regierungsrath, Universitätsprofessor Dr.	Greifswald.
104	Vancsa Max	Custos des niederösterreichischen Landesarchivs Dr.	Wien.
105	Vogt Wilhelm	kgl. Gymnasialdirector Dr.	Nürnberg.
106	Wackernell Josef	Universitätsprofessor Dr.	Innsbruck.
107	Wahrmund L.	Universitätsprofessor Dr.	Czernowitz.
108	Waibl Alois	k. k. Concipist im Statthaltereiarchiv Dr.	Innsbruck.
109	Weber Ottokar	Universitätsprofessor Dr.	Prag.
110	Weech Friedrich, v.	Geh. Rath und Director des General-Landesarchivs	Karlsruhe.
111	Wetzer Leander, v., Excellenz	k. u. k. Feldm.-Lieut., Director des k. u. k. Kriegsarchivs	Wien.
112	Wieser F., Ritt. v.	Universitätsprofessor Dr.	Innsbruck.
113	Wieser Thomas P.	stud. hist.	Innsbruck.
114	Witte Heinrich	Gymnasialprofessor Dr.	Hagenau.
115	Wittich Werner	Privatdozent Dr.	Straßburg.
116	Wutke Konrad	kgl. Archivar Dr.	Breslau.
117	Zallinger O., v.	Universitätsprofessor Dr.	Wien.
118	Zingerle Anton	Universitätsprofessor u. dz. Rector der Universität Dr.	Innsbruck.
119	Zösmair Josef	k. k. Gymnasialprofessor	Innsbruck.
120	Zwiedineck-Südenhorst H., v.	Universitätsprofessor Dr.	Graz.

Anhang III.

Verzeichnis
der
Mitglieder des Verbandes deutscher Historiker 1896.

Nr.	Name	Titel und Stellung	Wohnort
1	Adamek O.	Gymnasialprofessor Dr.	Graz.
2	Adler Siegmund	Universitätsprofessor Dr.	Wien.
3	Albert P.	Stadtarchivar Dr.	Freiburg i. B.
4	Anthes Ed.	Gymnasiallehrer Dr.	Darmstadt.
5	Arnheim Fritz	Dr. phil.	Berlin.
6	Bachmann A.	Universitätsprofessor Dr.	Prag.
7	Bär Max	Archivar Dr.	Hannover.
8	Baldamus A.	Oberlehrer Dr.	Leipzig.
9	Beloch Julius	Universitätsprofessor Dr.	Rom.
10	Below Georg, v.	Universitätsprofessor Dr.	Münster i. W.
11	Borries Emil, v.	Oberlehrer Dr.	Straßburg i. E.
12	Bretholz Berthold	Landeshistoriograph Dr.	Brünn.
13	† Brückner A.	Universitätsprofessor a. D. Dr.	Jena.
14	Busch W.	Universitätsprofessor Dr.	Tübingen.
15	Cartellieri A.	Mitarbeiter d. bad. histor. Commission, Assessor am General-Landesarchiv Dr.	Karlsruhe.
16	Collischonn P.	Oberlehrer Dr.	Frankfurt.
17	Damus Rudolf	Stadtschulrat Dr.	Danzig.
18	Darmstaedter P.	Dr. phil.	Straßburg.
19	Diemar Hermann	Privatdozent Dr.	Marburg.
20	Doeberl M.	Privatdozent Dr.	München.
21	Doebner R.	Staatsarchivar u. Archivrat Dr.	Hannover.
22	Egger Josef	Professor Dr.	Innsbruck.
23	Ellissen O. A.	Oberlehrer Dr.	Eimbeck.
24	Enders	Pfarrer Dr. theol.	Oberrad.
25	Fester Richard	Universitätsprofessor Dr.	Erlangen.
26	Fournier A.	Universitätsprofessor Dr.	Wien.
27	Friedrich Th.	Universitätsprofessor Dr.	Innsbruck.
28	Gál Julius	k. u. k. Hauptmann i. Kriegsarchiv	Wien.
29	Geffcken H.	Privatdozent Dr. iur. et phil.	Leipzig.
30	Genelin Plac.	Professor Dr.	Innsbruck.

Nr.	Name	Titel und Stellung	Wohnort
31	Giesecke A.	Verlagsbuchhändler Dr.	Leipzig.
32	Gothein Eberhard	Universitätsprofessor Dr.	Bonn.
33	Großmann	Geh. Archivrat Dr.	Berlin.
34	Hannack E.	Director d. Lehrerpädag. Dr.	Wien.
35	Hansen Josef	Stadtarchivar Professor Dr.	Köln.
36	Hartwig	Gymnasialdirector Dr.	Frankfurt.
37	Hartmann	Geschäftsf. Mitgl. d. Württemb. Comm. f. Landesk. Prof. Dr.	Stuttgart.
38	Hartmann L. M.	Privatdozent Dr.	Wien.
39	Hase O., v.	Verlagsbuchhändler Dr.	Leipzig.
40	Heigel K. Th.	Universitätsprofessor Dr.	München.
41	Helmolt Hans F.	Redacteur a. bibliogr. Inst. Dr.	Leipzig.
42	Herrmann A.	Realgymnasialprofessor Dr.	St. Pölten.
43	Heuer O.	Bibliothekar des Freien deutschen Hochstifts Dr.	Frankfurt.
44	Heyck Eduard	Archivrat und Professor Dr.	Donaueschingen.
45	Heyd W.	Oberbibliothekar Dr.	Stuttgart.
46	Hilliger B.	Mitarbeiter der Gesellschaft f. rhein. Geschichtskunde Dr.	Leipzig.
47	Hirn Josef	Universitätsprofessor Dr.	Innsbruck.
48	Hirsch R.	Dr.	Leipzig.
49	Hoeniger R.	Privatdozent und Lehrer an der Kriegsakademie, Professor Dr.	Berlin.
50	Hoffmann	Realschullehrer Dr.	Frankenberg.
51	Hoffmann M.	Gymnasialprofessor Dr.	Lübeck.
52	Huber Alfons	Universitätsprofessor Dr.	Wien.
53	Ilgen Theodor	Archivar Dr.	Münster i. W.
54	Ilwof Franz	k. k. Regierungsrat Oberrealschuldirector i. R. Dr.	Graz.
55	Jacob K.	Dr.	Straßburg.
56	Jäger O.	Gymnasialdirector, Professor Dr.	Köln.
57	Jähns	Oberstlieutenant a. D. Dr.	Berlin.
58	Jaksch Ritter v. Wartenhorst A.	Archivar	Klagenfurt.
59	Jentsch Karl	Archivverwalter	Neisse.
60	Jung R.	Stadtarchivar Dr.	Frankfurt.
61	Kaerst Julius	Gymnasialoberlehrer Dr.	Gotha.
62	Kaltenbrunner F.	Universitätsprofessor Dr.	Innsbruck.
63	Kanngießer	Gymnasialprofessor Dr.	Magdeburg.
64	Kaufmann Ad.	Oberlehrer Professor Dr.	Mülhausen i. E.
65	Kaufmann G.	Universitätsprofessor Dr.	Breslau.
66	Kindscher F.	Archivrat Professor	Zerbst.

Nr.	Name	Titel und Stellung	Wohnort
67	Kintzel Georg	Dr. phil.	Berlin.
68	Kleinschmidt A.	Universitätsprofessor Dr.	Heidelberg.
69	Knapp Georg F.	Universitätsprofessor Dr.	Straßburg.
70	Köcher A.	Gymnasialprofessor Dr.	Hannover.
71	Köhler G.	General-Lieutenant z. D.	Breslau.
72	Kötzschke Rudolf	Bibliothekar des kgl. histor. Seminars Dr.	Leipzig.
73	Krones Ritter v. Marchland F.	Universitätsprofessor Dr.	Graz.
74	Kröger J.	Oberlehrer Dr.	Elberfeld.
75	Lamprecht K.	Universitätsprofessor Dr.	Leipzig.
76	Lovy A.	Dr.	Berlin.
77	Liermann O.	Oberlehrer Dr.	Frankfurt.
78	Lindt K.	Oberlehrer Dr.	Darmstadt.
79	Lobeck Otto	Oberlehrer Dr.	Dresden.
80	Löhren A.	Oberlehrer Dr.	Frankfurt a. M.
81	Loersch Hugo	Geh. Justizrat, Universitätsprofessor Dr.	Bonn.
82	Lösche Georg	Universitätsprofessor Dr.	Wien.
83	Lohmeyer K.	Universitätsprofessor Dr.	Königsberg.
84	Lossen Max	kgl. Professor, Akademiesecretär	München.
85	Luschin v. Ebengreuth Arnold	Universitätsprofessor Dr.	Graz.
86	Mahl-Schedl v. Alpenburg F. J.	k. k. Sectionsrat, Ref. f. d. Archivwesen i. Minist. d. Innern	Wien.
87	Marcks E.	Universitätsprofessor Dr.	Leipzig.
88	Marckwald E.	Bibliothekar Dr.	Straßburg i. E.
89	Maretich Riv-Alpon Frh. v. Geb.	k. u. k. Oberst a. D.	Innsbruck.
90	Mayr Michael	k. k. Statthaltereiarchivar und Privatdozent Dr.	Innsbruck.
91	Meinecke Friedrich	kgl. Archivar u. Privatdozent Dr.	Berlin.
92	Meyer Eduard	Universitätsprofessor Dr.	Halle.
93	Meyer v. Knonau	Universitätsprofessor Dr.	Zürich.
94	Michael Wolfgang	Universitätsprofessor Dr.	Freiburg i. B.
95	Moldenhauer F.	Gymnasialprofessor Dr.	Köln.
96	Mühlbacher E.	Universitätsprofessor Dr.	Wien.
97	Müller Hermann	Oberlehrer, Professor Dr.	Prenzlau.
98	Nathusius-Neinstedt H. v.	Bibliothekar Dr.	Frankfurt a. M.
99	Neustadt L.	Dr.	Breslau.
100	Oncken W.	Universitätsprofessor Dr.	Gießen.

Nr.	Name	Titel und Stellung	Wohnort
101	Ottenthal E. v.	Universitätsprofessor Dr.	Innsbruck.
102	Otto W.	Gymnasiallehrer Dr.	Darmstadt.
103	Patigler J.	Gymnasialprofessor	Weidenau.
104	Peter	Professor Dr.	Berlin.
105	Pirenne H.	Universitätsprofessor Dr.	Gent.
106	Prutz Hans	Universitätsprofessor Dr.	Königsberg.
107	Quidde L.	Professor Dr.	München.
108	Redlich Oswald	Universitätsprofessor Dr.	Wien.
109	Rethwisch E.	Gymnasialdirector Dr.	Frankfurt a. d. O.
110	Richter Eduard	Universitätsprofessor Dr.	Graz.
111	Rief Josef Cal. P.	Gymnasialprofessor	Bozen.
112	Riggauer Hans	Universitätsprofessor Dr.	München.
113	Rodenberg K.	Universitätsprofessor Dr.	Kiel.
114	Rühl F.	Universitätsprofessor Dr.	Königsberg.
115	Sander Hermann	Oberrealschuldirector	Innsbruck.
116	Scala Rudolf, v.	Universitätsprofessor Dr.	Innsbruck.
117	Schlitter Hans	k. u. k. Hof- und Staatsarchivs-Concipist Dr.	Wien.
118	Schmoller Gustav	Universitätsprofessor Dr.	Berlin.
119	Schnapper-Arndt	Privatgelehrter Dr.	Frankfurt.
120	Schneider Eugen	Archiv-Assessor Dr.	Stuttgart.
121	Schnürer G.	Universitätsprofessor Dr.	Freiburg i. Schw.
122	Schönach Ludwig	Gymnasialprofessor	Brünn.
123	Schulte A.	Universitätsprofessor Dr.	Breslau.
124	Schuster Richard	k. k. Archivsbeamter Dr.	Wien.
125	Schwind E., Frh.v.	Universitätsprofessor Dr.	Innsbruck.
126	Seeliger Gerhard	Universitätsprofessor Dr.	Leipzig.
127	Sieglin Wilhelm	Custos a. d. Univ.-Biblioth. Dr.	Leipzig.
128	Simson B., v.	Universitätsprofessor Dr.	Freiburg i. B.
129	Spannagel K.	Privatdozent Dr.	Berlin.
130	Sprung L.	Bibliotheksbeamter Dr.	Innsbruck.
131	Stälin P.	Geh. Archivrat Dr.	Stuttgart.
132	Stern Alfred	Hochschulprofessor Dr.	Zürich.
133	Stieda Wilhelm	Universitätsprofessor Dr.	Rostock.
134	Stieve Felix	Hochschulprofessor Dr.	München.
135	Straganz M. P.	Gymnasialprofessor	Hall i. T.
136	Sutter K.	Privatdozent Dr.	Freiburg i. B.
137	Thorbecke A.	Direct. d. höh. Töchterschule Dr.	Heidelberg.
138	Thudichum F., v.	Universitätsprofessor Dr.	Tübingen.
139	Tille Armin	Mitarbeiter bei der Gesellschaft f. rhein. Geschichtskunde Dr.	Bonn.
140	Toeche-Mittler T.	Dr.	Berlin.

Nr.	Name	Titel und Stellung	Wohnort
141	Traut H.	Wissenschaftlicher Hilfsarbeiter der Stadtbibliothek Dr.	Frankfurt a. M.
142	Tumbült G.	Archivsecretär Dr.	Donaueschingen.
143	Ulmann Heinrich	Geh. Regierungsrat, Universitätsprofessor Dr.	Greifswald.
144	Unzer A.	Privatdozent Dr.	Kiel.
145	Vogt Wilhelm	Gymnasialdirector Dr.	Nürnberg.
146	Voigt F.	Realgymnasiallehrer Dr.	Dresden.
147	Voltelini, v.	Concipist am k. u. k. Staatsarchiv Dr.	Wien.
148	Voss W.	Custos an der Regierungsbibliothek Dr.	Schwerin.
149	Wackermann O.	Gymnasialprofessor	Hanau.
150	Wackernell Josef	Universitätsprofessor Dr.	Innsbruck.
151	Wäschke	Oberlehrer Dr.	Dessau.
152	Wahrmund L.	Universitätsprofessor Dr.	Innsbruck.
153	Warschauer	Archivar Dr.	Posen.
154	Weber Ottokar	Universitätsprofessor Dr.	Prag.
155	Weech Friedrich, v.	Geh. Rat und Director des General-Landesarchivs	Karlsruhe.
156	Wegele F., v.	Geheimrat, Universitätsprofessor	Würzburg.
157	Wehrmann	Oberlehrer Dr.	Stettin.
158	Welzhofer H.	Privatgelehrter Dr.	Wiesbaden.
159	Werminghoff A.	Mitarbeiter der Monumenta Germaniæ Dr.	Berlin.
160	Werunsky Emil	Universitätsprofessor Dr.	Prag.
161	Wetzer Leander, v.	Excell., k. u. k. Feldm.-Lieut., Direct. d. k.u.k. Kriegsarchivs	Wien.
162	Wieser F. R., v.	Universitätsprofessor Dr.	Innsbruck.
163	Will C.	Archivrat Dr.	Regensburg.
164	Witte Heinrich	Gymnasialprofessor Dr.	Hagenau.
165	Wohlwill A.	Professor Dr.	Hamburg.
166	Wolff G.	Gymnasialprofessor Dr.	Frankfurt a. M.
167	Wutke K.	kgl. Archivar Dr.	Breslau.
168	Zimmermann P.	Archivar Dr.	Wolfenbüttel.
169	Zösmair Josef	Gymnasialprofessor	Innsbruck.
170	Zwiedineck-Südenhorst H., v.	Universitätsprofessor Dr.	Graz.
171	Historisch Genootschap		Utrecht.

Printed by Libri Plureos GmbH
in Hamburg, Germany